Die Fahrten der „Breslau“ im Schwarzen Meer

von

Oberleutnant zur See

Karl Dönitz

Das beeindruckende Buch

Die Fahrten der „Breslau“ im Schwarzen Meer

erscheint im Rahmen ausgewählter Literatur
als exklusive Reprint-Ausgabe in der
Historischen Bibliothek des Melchior Verlages.

Die Historische Bibliothek enthält wichtige
sowie interessante Bücher zur deutschen Geschichte
und läßt anhand dieser eindrucksvollen Zeitzeugen
bedeutende Ereignisse, Begebenheiten und Personen
aus längst vergangener Zeit wieder lebendig erscheinen.

Nachdruck der Originalausgabe von 1917
nach einem Exemplar aus Privatbesitz.

M
Reprint

Wolfenbüttel
ISBN: 978-3-941555-17-4
www.melchior-verlag.de

Die Fahrten der „Breslau“ im Schwarzen Meer

„Goeben“ und „Breslau“ beschießen den Hafen von Odessa

Inhaltsverzeichnis

In Konstantinopel

Es ist Oktober 1914.

Im Bosporus, vor einem Hintergrund von weißen Häusern, glänzenden Palästen, spitzen Minaretts und braunen Hügeln mit dunklen Zypressen liegen zwei graue Schiffe; lang, geschmeidig und rassig, mit vier schlanken Schloten: Das eine: „Breslau – Midilli"; lang, niedrig, breit und wuchtig, die dicken, gedrungenen Schornsteine kaum höher als die massigen Türme mit den drohenden Rohren, das andere: „Goeben – Sultan Jawus Selim". An den Gaffeln weht der Halbmond im roten Feld, die Schiffe tragen ihr Kriegskleid.

Deutsche Seeleute sitzen auf den grauen Schiffen und haben eine Reihe arbeitsamer Wochen und Monate hinter sich, in denen eine neue türkische Flotte entstanden ist. Sie mussten „stillhalten" und „üben", durften einen friedlichen Krieg nur spielen, indessen die Kameraden des Heeres und der Marine oben im Norden Schlachten schlugen und gegen eine Welt von Feinden standen.

Vorher haben die deutschen Seeleute schon einen kleinen Vorgeschmack des Krieges gehabt, haben gezeigt, was deutsche Rohre und deutsche Maschinen leisten können, haben französische Häfen überraschend beschossen und sind ganzen Flotten feindlicher Schiffe vor der Nase weg ins Ägäische Meer und in die Dardanellen gefahren, ohne dass es der Übermacht gelang, die Abgeschnittenen und Gehetzten ruhmlos zu versenken.

Dann kam die Wartezeit, eine harte Zeit des Wartens und Arbeitens, aber auch eine Zeit der Vorbereitung. Aus deutschen Schiffen waren türkische Schiffe geworden, die den Kern einer neuen osmanischen Marine bildeten, und die deutschen Seeleute wurden zu Erziehern von Offizieren und Mannschaften, die ihrer Vorfahren aus der Zeit der großen türkischen Seesiege würdig waren.

Aber es kam auch der Tag, wo „Midilli“ mit einigen Torpedobooten zum ersten Mal durch den Bosporus ins Schwarze Meer ging, um dort die Übungen fortzusetzen, die bisher nur das Marmarameer gesehen hatte. Kein russisches Kriegsschiff wurde angetroffen; nur rumänische und russische Dampfer wurden passiert. Mit Bedauern mussten wir die Russen ungehindert ziehen lassen.

Wir waren Türken und hatten keinen Krieg mit Russland. Höhnisch, wie es uns schien, dippten die Dampfer die Flagge, und unwillig erwiderte der türkische Halbmond den Gruß.

Wie wäre es geworden, wenn wir russischen Kriegsschiffen begegnet wären? So oft haben wir darüber nachgedacht! Hätte der Russe zuerst geschossen, weil er den türkischen Kauf nicht anerkennt? Mussten wir auf einen Angriff warten?

So gingen die Wochen in tüchtiger, angestrengter Arbeit hin. An Ruhetagen lagen die Schiffe in der Tuzlabucht – fern von den Freuden und Lockungen der Großstadt Konstantinopel.

Die beiden einzigen Abwechslungen waren mittags der Verkehrsdampfer, der die Zeitungen und die Post brachte, uns Kunde von den raschen Schlägen gegen Frankreich und den mächtigen Siegen Hindenburgs gab – und abends das kühle Bad in der Tuzlabucht, zu dem außer dem Wachhabenden Offizier und dem Wachpersonal sich alles im Wasser tummelte.

Kam einer von uns doch einmal aus irgendeinem dringenden Grund nach Konstantinopel, so wurde er gleich an der Neuen Brücke von den Zeitungsjungen der Zeitung „Stambul“ überfallen und konnte darin von einer großen Seeschlacht lesen, in der Deutschland sechzehn Schiffe verloren hätte, von Siegen der Russen und vom Vormarsch der Franzosen bis Hannover.

Abends konnte er dann auch im Hotel Tokatlian neben der englischen Marinemission sitzen, die immer noch in Konstantinopel war, trotzdem ein deutscher Admiral der Chef „ihrer“ osmanischen Flotte geworden war.

Das alles ließ auch den Uneingeweihten ahnen, dass nicht alle Parteien und Strömungen im alten Stambul dem Dreibund günstig waren, und dass die deutschfreundlichen Türken noch einen schweren Kampf zu bestehen hätten, bis sich die Türkei zur Verteidigung ihrer Existenz an die Seite Deutschlands und Österreich-Ungarns stellen konnte, die in gewaltigem Ringen und Streben Englands nach Mesopotamien, Frankreichs nach Syrien und Russlands Vormarsch auf Konstantinopel entgegentraten. Rüsteten sich russische Kriegsschiffe nicht schon zur Fahrt zum Bosporus?

Aber die zwei grauen Schiffe mit dem roten Halbmond an der Gaffel waren auf der Wacht; deutsche Seeleute führten sie.

In der Nacht des 6. August 1914 gelingt es der „Breslau“ und der „Goeben“ mit abgeblendetem Licht den Hafen von Messina zu verlassen und die englische und französische Flotte zu durchbrechen

Von Messina ging es mit direktem Kurs auf die Dardanellen, dem Eingangstor zum Bosporus und zum Schwarzem Meer

„Tun Sie Ihr Äußerstes für die Zukunft der Türkei!“

„Morgen 5 Uhr 30 vormittags Anker lichten, auslaufen ins Schwarze Meer zu Aufklärungsübungen.“ So lautete der Befehl, den „Breslau“ am 26. Oktober 1914 vom Flottenchef erhielt.

Es ist noch Nacht. In dunklem, veilchenfarbenem Blau wölbt sich der Himmel über dem strömenden Wasser, das Europa und Asien trennt. An Land sind fast keine Lichter zu sehen, und nur die Sterne funkeln klar und rein.

Kurz und ungeduldig übergibt der Mittelwächter um vier Uhr morgens dem Morgenwächter die Wache. Er hat es recht eilig, er will bis 5 Uhr 15 Minuten noch etwas schlafen, schon 5 Uhr 30 muss er zum Manöver wieder oben sein.

Bis 4 Uhr 30 gibt es für den Morgenwächter wenig zu tun. Er lässt sich noch einmal die Routine des kommenden Morgens durch den Kopf gehen und legt sich in Gedanken alles, wie er meint, besonders passend und praktisch zurecht. Endlich gibt er es aber auf, denn nach dem alten Marinewort heißt es ja doch: „Wie man’s macht, ist’s falsch!“

Um 4 Uhr 20 lässt er die Spielleute, den Hornisten und den Trommler, wecken. Schlaftrunken sind sie angetreten, klar, um auf den Lockpfiff des Bootsmaaten der Wache mit ihrem Spiel einzusetzen. Punkt 4 Uhr 30 meldet der Wachhabende Unteroffizier beim Leutnant der Wache: „Zeit zum Wecken!“ Dann lockt die Batteriepfeife, der Vordeckwachhabende fällt ein, und die beiden Spielleute trommeln und pfeifen ihr „Freut euch des Lebens“ in so wenig sanften Tönen, dass selbst das größte Murmeltier wach werden muss. Wo es nötig ist, hilft der Wachhabende mit mehr oder weniger zarten Aufforderungen nach. Die Hängemattstauer stehen längst an den Hängemattkästen klar und nehmen die ordentlich und festgezurrten

Alte türkische Festung am Eingang zum Bosporus

Schlummerrollen entgegen – denn, wie die Leute schon in der ersten Unteroffiziersinstruktion gelernt haben, nur eine dicht gezurrte Hängematte kann im Notfall einen Mann über Wasser halten.

An Deck sind vom Wachpersonal Baljen mit Frischwasser klargestellt. 4 Uhr 40 ist „Sich waschen". Hei, wie erfrischt das in der Morgenkühle! Prustend und schnaubend, bis zu den Hüften den Oberkörper entblößt, eilen die Kerle nach dem Waschen unter die Back. Verdammt, was ist das schon kalt!

Um 5 Uhr 15 ist Backen und Banken. Die Backen werden heruntergeschlagen, die Backschaften holen Kaffee, Brot und Butter – und „Hein und Korl" haben an der Back längst das frühe Aufstehen vergessen und „racen" bereits schon wieder mächtig.

In ihre Sorglosigkeit pfeift der Bootsmaat der Wache hinein.

„Die ersten Nummern Seeposten der Steuerbordwache Backbordvordeck!" „Die Lotgäste ans Lot!" „Die Steuerbord-Kuttergäste zum Ankerlichten auf die Back!"

Der Erste Offizier ist auf der Back und sieht sich ruhig an, wie die Kuttergäste tropfenweise, sie haben es nicht sehr eilig, aus dem Niedergang erscheinen. Kaum haben sie aber den „Ersten“ gesehen, so kommt Leben in ihre Beine, und sie stürzen auf ihre Manöverstation.

Der Wachhabende Offizier mustert die Seeposten, überzeugt sich, dass das Schiff seeklar ist. Die Maschine meldet „Maschinen klar“. Der Kommandant kommt auf die Brücke. Punkt 5 Uhr 30 befiehlt er Anker lichten.

Drüben auf der „Goeben“, ebenso auf den beiden anderen alten Linienschiffen, und auf „Hamidieh“ und „Berk“ ist es ebenfalls lebendig geworden. „Breslau“ ist Anker auf, die Maschinen gehen an – wir fahren dem Bosporus zu, die anderen Schiffe folgen.

Wir fahren durch diese vielleicht schönste Wasserstraße der Welt, deren Uferhänge, mit Gärten, Parks, Landhäusern und Villen geschmückt, im Schein der ersten Morgendämmerung rötlich zu leuchten beginnen. Dunkel zeichnen sich die Zypressen gegen den blasspfirsichfarbenen Himmel; an Land ist es ganz still, kein Lüftchen rührt sich, und nur einige Vögel der Frühe zwitschern in die lichte Höhe.

Indessen hat sich „Breslau“ mit den anderen kleinen Kreuzern „Hamidieh“, „Berk“ und „Peik“ vor die schwere Division gezogen. Wir steuern aus dem Bosporus hinaus aufs Schwarze Meer, und vorsichtig passieren wir die schützende Minensperre.

Der Vormittag geht mit Fahr- und Schießübungen hin. Gegen Mittag werden die Kreuzer, verstärkt durch Torpedoboote, zu einer größeren Aufklärungsübung detachiert.

Da kommt die Meldung, dass die Russen mit Seestreitkräften und einem großen Minendampfer vor dem Bosporus Minen legen, um ihn so zu versperren und uns bei unserer Rückkehr in die Luft fliegen zu lassen. Der Türkei sollte zu einem Zeitpunkt, da sie mit Russland noch in friedlichen Beziehungen stand, die Bewegungsmöglichkeit ihrer Schiffe genommen werden.

Den Russen für diesen heimtückischen Streich einen Denkzettel zu geben und ihnen den Rückzug zu versalzen, das ist der Plan des Admirals.

Nachmittags sammelt sich das Geschwader in der Nähe des Flaggschiffs vor Anker, und um 4 Uhr ruft Signal vom Flaggschiff sämtliche Kommandanten an Bord der „Goeben“ zur Sitzung und Befehlserteilung.

Mit ernsten, aber leuchtenden Augen kommt unser Kommandant, Kapitän zur See Kettner, zurück. Wir wissen und fühlen mit einemmal, es geht wieder los – die „lange, lange Friedenszeit im Marmarameer“ ist vorbei. Wie hatte so mancher schon mit seinem Geschick gehadert, das ihn zum Nichtstun in der Türkei verdammte, während die Kameraden zu Hause an den Feind kommen würden! Wie sehr ist es anders geworden!

Unsere Schiffe rüsten sich, nach den Befehlen des Admirals an die ihnen zugeteilten Arbeiten zu gehen. Russland hat mit der ersten feindlichen Handlung begonnen, nun soll der Fehdehandschuh aufgehoben werden.

„Breslau“ wird detachiert. Mit ihr gehen „Hamidieh“ und „Berk“. Die beiden älteren Linienschiffe, „Barbarossa“ und „Torgut“, bleiben zurück, um den Bosporus vor russischen Angriffen zu schützen.

„Goeben“ geht mit Torpedobooten und einem Minenleger vor Sewastopol. Unsere Flottille hat Befehl nach Odessa zu gehen. „Hamidieh“ soll Feodosia besuchen und vorläufig „Breslau“ und „Berk“ nach Osten folgen.

Bevor wir uns trennen, kommt noch Signal vom Flaggschiff:
„An alle Schiffe. Tun Sie Ihr Äußerstes für die Zukunft der Türkei! Admiral.“

So wehte es aus von der Signalrah der „Goeben", während wir uns mit qualmenden Schloten von dem mächtigen Schlachtkreuzer entfernten. Noch lange war die bedeutsame Signalflaggenreihe zu sehen, indes wir hinausfuhren, einem neuen Krieg entgegen.

„Goeben" und „Breslau" im Schwarzen Meer

Istanbul und der Bosporus

Novorossisk

Mit mittlerer Marschgeschwindigkeit fahren wir in den sinkenden Abend hinein. Nach Einbruch der Dunkelheit werden die Schiffe kriegsmäßig abgeblendet; „Hamidieh" folgt in unserem Kielwasser, während der kleine „Berk" an Steuerbord herausgezogen ist und seitlich sichert.

Es ist nach langer Pause wieder die erste Kriegsnacht. Alle Seitenfenster und Decklichter sind mit Blenden verschlossen. An Deck brennt kein Licht, weder die Positionslaternen noch die Dampferlaterne im Mast sind angesteckt. Wie ein schwarzer Schatten braust das Schiff in die Nacht hinein – dunkel in dunkel ist es selbst auf nächste Entfernung schwer zu erkennen.

Die einzelnen Aufsichtshabenden melden dem Wachhabenden Offizier, der Wachhabende Offizier dem Ersten Offizier, dass das Schiff abgeblendet ist.

„Steuerbord" hat Wache – die Steuerbord-Kriegswache macht sich also jetzt klar zum Aufziehen.

Das Oberdeckpersonal ist in zwei Hälften, die „Steuerbord"- und die „Backbord"-Kriegswache, geteilt. Jede Wache allein kann die Geschütze, die Scheinwerfer, die Munitionskammern, kurz alle militärischen Einrichtungen besetzen.

Auch das Offizierkorps ist in zwei Kriegswachen geteilt. Wachfrei ist selbstverständlich der Kommandant, außer ihm der Navigationsoffizier. Er ist dem Kommandanten für die Schiffsführung verantwortlich – muss deshalb auf der Brücke sein, wie es die navigatorischen Verhältnisse erfordern – und darf nicht durch feste Wachzeiten gebunden werden.

Der Erste Offizier ist der Kriegswachleiter der einen, der Artillerieoffizier der anderen Kriegswache. Sie sind die Vertreter des Kommandanten, wenn dieser nicht auf der Brücke ist; sie handeln an seiner Stelle und tun die erforderlichen ersten Schritte bei einem überraschenden Zusammentreffen mit dem Feind.

Jeder Kriegswache ist ein Artillerieoffizier zugeteilt. Auf der einen ist es der Kriegswachleiter selbst, auf der anderen der Zweite Artillerieoffizier. Das Schiff fährt der Wachhabende Offizier. Die Scheinwerfer jeder Wache werden von einem Leutnant geleitet. Im Funkentelegraphenraum ist auf jeder Kriegswache ein Funkentelegraphenoffizier. Auch die Torpedowache ist stets klar, die beiden Torpedooffiziere gehen Kriegswache mit, bereit, eine sich darbietende Gelegenheit zum Torpedoschuss mit „kurzer Leitung" zu erfassen und dem Feind den mit „tödlicher Sicherheit treffenden" Torpedo in den Leib zu jagen.

An Deck hat auf jeder Wache ein Leutnant die Aufsicht an den Geschützen. So ist das Schiff immer gefechtsbereit. Kommt etwas in Sicht, so wird durch gellenden Alarmruf die andere Wache, die in der Nähe ihrer Gefechtsstellen angezogen schläft, auf Gefechtsstation gerufen. Alle Einrichtungen sind dann voll besetzt.

Die Steuerbord-Kriegswache tritt jetzt auf der Schanze an. Die Seitenkommandeure melden die Geschützbedienungen, die Scheinwerferoffiziere die Scheinwerfermannschaften, der Feuerwerker die Munitionsmänner dem Artillerieoffizier zur Stelle. Der Artillerieoffizier erklärt den Leuten kurz die Lage; er sagt ihnen, was beabsichtigt wird, was zu erwarten ist. Das stärkt ihr Zutrauen – und schärft ihre Aufmerksamkeit.

Dann zieht die Kriegswache auf. Die Geschütze werden klar gemacht, die Befehlsübermittlungsapparate, Telegraphen und Telephone probiert, die Scheinwerfer werden abgezogen, und ihr Fernantrieb wird geprüft. Die Geschütze werden geladen und gesichert. Durch die Telegraphen und durch die Stimme der Befehlsübermittler wird den Geschützen, je nach der Sichtigkeit, eine Anfangsentfernung

Die „S.M.S. Breslau" fährt unter türkischer Flagge als „Midilli"

gegeben. Die Kriegswache ist aufgezogen; die andere begibt sich zur Ruhe und schläft „eisern" – weiß sie doch, dass sie sich auf die Wachsamkeit ihrer Kameraden verlassen kann.

In den Abendstunden passieren wir noch einen rumänischen Passagierdampfer, der mit strahlend erleuchteten Promenadendecks nach Süden läuft.

Es ist der letzte beleuchtete Dampfer, den wir treffen, das letzte friedliche Fahrzeug, das friedlich seine Lichter zeigt. Nur als schwarze Schatten werden von nun ab von der „Midilli" bei Nacht Fahrzeuge gesichtet – und alle sind der Feind.

Am anderen Tag ist unser kleines Geschwader mitten im Schwarzen Meer. Das Wetter ist noch schön und hell; vom Feinde ist nichts zu sehen.

Am Abend wird „Hamidieh" nach Norden detachiert; sie soll Feodosia, einem der Haupthandelshafen der Krim, einen kleinen Besuch abstatten. „Breslau" und „Berk" laufen allein nach Osten weiter.

Die Nacht wird kalt und regnerisch; der Wind frischt auf, die See wird rauer, so dass es auf der Back gar nicht mehr gemütlich sein mag.

Im Lauf der Nacht trennen wir uns auch von „Berk“, der nach Osten seinen Kurs weiterläuft und nach Novorossisk vorausgeschickt wird.

„Breslau“ dreht mit Hartruder nach Norden ab und fährt nach der Kertschstraße, wo sie einen kleinen Spezialauftrag zu erledigen hat.

Im Morgengrauen kommen die Kaps der Enge in Sicht; niedere Höhen, über denen leichter Nebel liegt. Vom Feind wird nichts gesichtet.

Mit hoher Fahrt geht es dann nach Südosten, dem neuen, großen Petroleumhafen von Novorossisk zu. Zeitweilig setzen nun heftige Regenböen ein, so dass das Land mitunter außer Sicht kommt.

Gegen neun Uhr klart es auf, und Bergzüge tauchen an Backbord voraus auf; die westlichen Ausläufer der mächtigen Kette des Kaukasus, den wir in der Zukunft noch häufig und näher zu Gesicht bekommen sollten.

Um eine schön geformte Bergnase drehen wir nun, während die Sonne zeitweilig die Regenschleier durchbricht, in eine große Bucht, an deren hinterem Ende Novorossisk liegt. Dort war „Berk“ schon bei Hellwerden erschienen und hatte die Herausgabe sämtlicher im Hafen liegender Dampfer gefordert. Im Fall der Weigerung würde die, „türkische Flotte“ erscheinen und die staatlichen Anlagen der Stadt in Brand und Trümmer schießen.

Die „türkische Flotte“ kam in Gestalt der tüchtigen „Midilli“.

Mit schäumender Hecksee liefen wir in den langen Schlauch der Hafenbucht ein. Von schön bewaldeten, hohen Bergen umgeben, lag die reiche Hafen- und Industriestadt vor uns, unzählige riesige Petroleumtanks reihten sich aneinander, große Getreideschuppen, Hafen- und Dockanlagen säumten den durch eine lange Mole geschützten Innenhafen ein.

Aus dem Innenhafen kam uns „Berk“ entgegen. Er meldete: „Auftrag erledigt“ und bezeichnete uns die im Hafen liegenden neutralen Dampfer, einen Holländer und einen Engländer, die wir beide – leider auch den letzteren – schonen mussten. Denn noch hatte die Türkei keinen Krieg mit England.

Unser Kommandant schickte „Berk“ vor die Bucht, als Ausguckposten, falls sich russische Streitkräfte nähern sollten.

Noch war die Stadt ruhig. Gespannt sahen wir zu den Küstenbatterien hin, ob sie denn nicht endlich mit dem Feuern anfangen wollten!

Kein Schuss fiel, alles blieb ruhig.

Dagegen konnten wir sehen, wie russische Offiziere auf der Landstraße zum Fort hinsprengten; jetzt wurden wohl die Batterien alarmiert!

Da krachten auch schon unsere Salven in die Befestigungen hinein. Fluchtartig sahen wir die Russen sie nach allen Seiten verlassen.

Aus dem Innenhafen kam ein Motorboot mit der russischen Regierungsflagge auf uns zu.

Nun aber schnell raus mit den Salven, ehe der Russe lange Verhandlungen mit uns anknüpfen kann während deren wichtige militärische Einrichtungen gerettet werden sollen. Unsere Breitseite krachte über die Mole in den Hafen hinein. Zu spät, dachte der russische Vermittler, und verholte sich mit seinem Motorboot schleunigst unter den Molenschutz.

Eine Salve nach der anderen wird in den Hafen geworfen, bis sämtliche vierzehn russischen Dampfer brennen oder mit Schlagseite im Sinken sind.

*Die Beschießung von Novorossisk durch „Breslau"
am 28. Oktober 1914*

Wir sind indessen näher an die Mole herangedampft. „Zielwechsel rechts auf die äußere Reihe der Petroleumtanks! Erstes Geschütz – feuern!"

Da – ein Treffer! Aber sonderbar, keine Explosion! In dickem Strahl läuft das Petroleum aus dem Tank heraus. „Zweites Geschütz – feuern!"

– R r r um! –Wie gebannt sieht alles nach den Tanks.

Da wird in einer riesigen Explosion die Decke eines der haushohen Behälter Hunderte von Metern in die Luft geworfen und fällt nun in den Kessel roter, gewaltiger Flammen hinab.

Detonation folgt auf Detonation! Der Brand greift auf die Nachbartanks über. Die südliche Tankreihe ist in ein Flammenmeer gehüllt. Rote, riesige Lohe schlägt empor, ein ungeheurer, dunkler Qualm breitet sich über den ganzen Hintergrund der Stadt, vor dem nur der Leuchtturm am Ende der Mole weiß herschimmert. Allmählich ver finstern dicke, gewaltige, schwarze Rauchschwaden den Himmel – es wird Nacht über Novorossisk. Das ungewisse Dämmerlicht erinnert an eine Sonnenfinsternis.

Dann wird die nächste Tankreihe in Brand geschossen, bis sämtliche der ungefähr siebzig großen Petroleumtanks brennen. Wie der Weltuntergang kommt den Russen der Tag vor! Mit allen möglichen Transportmitteln, zu Fuß, auf Wagen und Autos, manchmal drei Menschen auf einem Pferderücken, wird in Eile fluchtartig die Stadt verlassen.

Unsere nächsten Salven gelten den großen Kornspeichern und den Hafen- und Dockanlagen. Förderbahnen und Kranwerke werden zerstört; Speicher und Bahnhofsanlagen in Brand geschossen.

Nur wenig Erfolg versprachen wir uns von der Beschießung des Bahnhofs, da wir seine Lage nur aus der Karte kannten und er von Bord aus kaum auszumachen war. Jedoch konnten wir mit unseren Verwüstungen im Bahnhofsgebäude und mehreren Güterzügen zufrieden sein, wie sie uns später ein russischer Film in Konstantinopel zeigte.

Helle Lohe schlägt aus den Kornspeichern, dunkle Rauchschwaden der brennenden Tanks ziehen über die Stadt; es ist ein Bild der Zerstörung und Vernichtung – unsere Aufgabe ist erfüllt. „Breslau" dreht ab.

Inzwischen hatte „Berk" russische Versuche, die Hafenforts am Eingang der Bucht wieder zu besetzen, durch Artilleriefeuer zunichte gemacht und die Funkentelegraphenstation am Kap zerstört. Nun wurde „Berk", da er mit seinen Kohlen zu Ende war, zum Bosporus geschickt. Schweren Herzens sah uns sein deutscher Kommandant, Oberleutnant zur See von Mellenthin, nordwärts zum Kreuzerkrieg davondampfen.

Wie gerne hätte er sich mit seinem kleinen Schiff weiter an unseren Unternehmungen im Schwarzen Meer beteiligt und die Russen ge-

Die von „Breslau" in Brand geschossenen Öltanks von Novorossisk

packt, wo er sie bekommten konnte! Wie wenig war er mit dem Teil seiner Aufgabe, trotzdem er sie so ausgezeichnet gelöst hatte, zufrieden!

Es war ein Uhr mittags geworden, als wir aus der Bucht von Novorossisk steuerten mit dem Bewusstsein, dem russischen Staat gewaltigen materiellen Schaden zugefügt zu haben. Hinter uns, wie ein Unheil verkündendes Zeichen, dass auch hier der frevelhaft begonnene Krieg mit seinen Schrecken auf seine Anstifter zurückfiel, loderte es wie ein Weltuntergangsbrand; noch bis tief in die Nacht hinein konnten wir über dem nordöstlichen Horizont den Feuerschein von Novorossisk gespenstig wieder leuchten sehen.

Zu leichte Aufgabe wollte es uns anfangs scheinen, während die Küstenbefestigungen schwiegen oder in Flucht verlassen wurden, den Russen nur materiellen Schaden zu tun. Aber unsere allgemeinen humanen Regungen wurden erstickt bei dem Gedanken an unser Ostpreußen. Und in Novorossisk war von uns kein einziges Privathaus zerstört worden!

Am 1. November liefen wir als letztes Schiff der osmanischen Flotte in den Bosporus ein. Auf den Forts standen die Besatzungen in Paradierstellung und begrüßten die „Midilli“ mit drei Hurras. Mit wehenden Toppflaggen liefen wir durch die Sperren und den Bosporus hinab, von bunt beflaggten Hafendampfern und tausendstimmigen Hochrufen begleitet. Vor Haidar Pascha lag die „Goeben“; ein paar Schusslöcher in den Schornsteinen waren ihre einzigen Beschädigungen. Auf dem Flaggschiff waren alle Mann an Deck – drei Hurras auf die wackere „Breslau“ uns entgegen.

Ohne Verluste waren alle Schiffe der osmanischen Flotte von ihren Unternehmungen zurückgekehrt. Die Torpedoboote waren in den Hafen von Odessa eingelaufen, hatten das Kanonenboot „Donetz“ zum Sinken gebracht, ein anderes schwer beschädigt. „Hamidieh“ hatte die Hafenanlagen und Kasernen von Feodosia zerstört. „Goeben“ hatte einen Zerstörer und den großen Minenleger „Pruth“ überholt und versenkt und sogar trotz heftiger Beschießung durch moderne Küstenbatterien mit Erfolg Sewastopol beschossen.

So war der Gegenstoß gegen Russland von dem kleinen osmanischen Geschwader mit Nachdruck geführt worden, ohne dass die übermächtige russische Flotte mit ihren Linienschiffen, ihren Kreuzern und modernen Zerstörern es verhindern konnte. Keines unserer Schiffe war dem russischen Gros begegnet. Drei Wochen später mussten wir sogar vor ihren eigenen starken Kriegshafen Sewastopol laufen, um die Russen zu treffen. Und erst Weihnachten hatten wir wieder eine Begegnung mit ihnen an der türkischen Küste.

Doch davon später. Heute war Feststimmung auf der „Breslau“. Immer wieder trat lebhaft das Bild des brennenden Novorossisk in die Erinnerung zurück; unser Schiff hatte bei seinem ersten kriegerischen Auftreten im Schwarzen Meer den Russen einen tüchtigen Denkzettel verabfolgt.

In der Ostecke des Schwarzen Meeres

Zu den wesentlichsten Eigenschaften eines kleinen Kreuzers gehört es, dass er – Schäferhund sein kann. Wenn wir auch diese Aufgabe weder von zu Haus noch von unserer Tätigkeit in den verschiedenen Gewässern des Mittelmeeres her gekannt hatten, hier lernten wir allmählich uns mit ihr vertraut zu machen.

Ein wenig Rennpferd und Windhund war die „Breslau" ja von jeher gewesen; nun aber galt es, unsere Schnelligkeit etwas zu zügeln, nicht allzu scharf zu sein und dafür noch mehr aufzupassen, brav im Kreis zu rennen und hin und her zu laufen – freilich jeden Augenblick bereit, die Zähne zu zeigen.

Der Krieg hatte auch zu Land eingesetzt; es galt die armenische Grenze gegen die russischen Angriffe zu sichern, in einem Gelände, dessen Aufmarschgebiet noch nicht von Eisenbahnen durchzogen ist, und wo jeder Nachschub zur See auf Dampfern herangebracht werden muss, die wieder des Schutzes bedürfen.

Unser großer Bruder „Goeben" ist dafür zu groß und schwerfällig. Nicht als ob der große Kreuzer nicht ebenso wie wir seine achtundzwanzig Meilen laufen könnte. Aber das kostet gewaltig viel Kohlen, und um Handelsdampfer, die unter Land fahren, vor feindlichen Zerstörern zu schützen, braucht man nicht gleich 28 Zentimeter-Rohre.

Da genügt schon der kleine Kreuzer, der mit seiner behend beweglichen Schnelligkeit, mit der Geschmeidigkeit seines schlanken Baues wie geschaffen ist, um rasch überall zu sein, auszuspähen, Schutz zu gewähren und gelegentlich auch kleine freche Vorstöße zu machen.

Das war für die nächste Zeit die Aufgabe unserer „Breslau". Sie hatte Sicherung zu fahren für Truppentransporte nach Trapezunt und nach den Häfen der anatolischen Schwarzmeerküste.

Der Kriegsschiffhafen von Istanbul

Als wir zurückgekehrt waren von unserem ersten Vorstoß, war der Aufmarsch des Feldzuges in Armenien schon in vollem Gang. Wir mussten darum, kaum, dass wir gekohlt hatten, wieder hinaus, „Schäferhund" spielen.

Am 3. November läuft „Breslau" schon wieder ins Schwarze Meer. Hinter ihr Dampfer voller Soldaten, Munition, Pferden, Kanonen, Kriegsmaterial. Oder leere Dampfer, klar, um an den anatolischen Hafenstädten, wie Ordu, Samsun, Kerasun, türkische Divisionen einzuladen und nach Osten, nach Trapezunt und Platana oder Rizeh, zu werfen.

Unaufhörlich kreuzen wir vor der anatolischen Küste, laufen die Hafenplätze an, überwachen und sichern die Einschiffung, begleiten die beladenen Dampfer nach Osten und machen zu ihrem Schutz während der Ausschiffung Vorstöße nach Batum und nach Norden zu.

Wenig dankbar, wenig beliebt sind diese Sicherungsfahrten. Sie erfordern unermüdliche Aufmerksamkeit – und viel Geduld bei den mangelhaften Landungsmitteln der kleinen türkischen Hafenplätze.

In der Nacht vom 5. und 6. November liegt die „Breslau" bei Ordu unter Land. Von den Russen keine Meldung – mit russischen Streitkräften ist also kaum zu rechnen. Um den Leuten mal etwas Ruhe zu gönnen, befiehlt der Kommandant erleichterten Kriegswachzustand. Die Freiwache schläft – und von der Kriegswache sind nur die Posten an Deck.

Herrgott ja, wie das wieder mal gut tut, sich in ein richtiges Bett legen zu können! Beinahe hat man ausgeschlafen, da wird man frühzeitig durch gellenden Alarmruf aus den Federn geholt. Von Osten kommt ein Fahrzeug in Sicht, hohe Back, scheinbar ein russischer Zerstörer!

Raus und auf die Gefechtsstationen!

Da fällt plötzlich das Fahrzeug in sich zusammen. Ein kleiner Segler war durch die Strahlenbrechung der Morgendämmerung in die Höhe gezogen und hatte die Ausguckposten getäuscht.

„Der feindliche Zerstörer ist ein harmloser Segler!“ wird an alle Gefechtsstationen gegeben. „Kriegswache Ruhe!“ Eiligst verholt sich alles wieder auf die Schlafplätze, um bis zum Wecken noch ein Auge voll zu nehmen.

Der Segler kommt näher. Ein wackerer Fischer aus Ordu hat bei Nacht gefischt und bietet uns nun seinen Fang an.

Der Messevorstand wird gewahrschaut. Schließlich wird er handelseinig und zieht, froh der Abwechslung auf der Speisekarte, mit seinen Fischen ab.

Bei Mittag bekommt der tüchtige Wachhabende, der den Fischer für einen Zerstörer gehalten hat, noch viel zu hören. Die ganze Rache der Freiwache, die aus dem Schlaf musste, kommt über ihn. Selten hat ihm frischer, köstlicher Seefisch so schlecht geschmeckt wie heute.

Doch eigentlich sind alle diese Angriffe nur äußerlich, nur markiert; die Angreifer sind auch Wachgänger und wissen in ihrem Herzen nur zu genau, wie richtig der Morgenwächter gehandelt hat, dass er zunächst einmal Alarm schlug, als ihm das Fahrzeug verdächtig erschien.

Aber nur nichts davon merken lassen! So ein bisschen Kleinkrieg mit Worten ist doch gar zu schön, besonders wenn die Tage in See immer einförmig und gleichmäßig verlaufen.

Am 6. November ist endlich der letzte Dampfer des ersten Transports ausgeladen. Die „Breslau“ hat freie Hand und will sie nutzen!

Novorossisk ist zerstört. Noch kann der Russe aber über Poti sein Petroleum aus dem Quellgebiet ausführen. Auf die Hafenanlagen von Poti also haben wir es abgesehen.

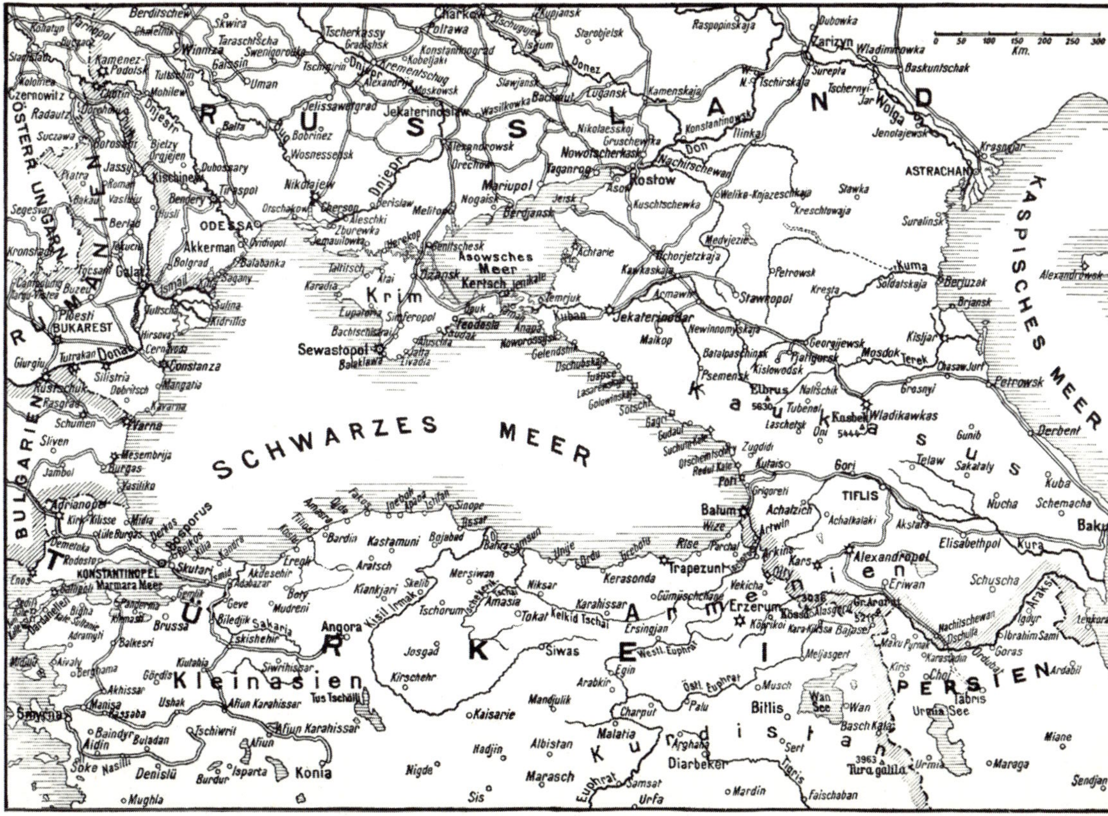
RUSSLAND
KASPISCHES MEER
SCHWARZES MEER
Asowsches Meer
Krim
Kaukasus
Armenien
Kurdistan
TÜRKEI
Kleinasien
PERSIEN
RUMÄNIEN
BULGARIEN
ÖSTERR. UNGARN
KONSTANTINOPEL
Marmara Meer
Bosporus
ODESSA
BUKAREST
ASTRACHAN
TIFLIS
Sewastopol
Rostow
Jekaterinodar
Trapezunt
Erzerum
Angora
Sinope
Batum
Baku
Smyrna
Konia
Siwas
Kars
Wan See
Urmia See
0 50 100 150 200 250 300 Km.

Darum los mit den Turbinen und die Nacht mit erhöhter Fahrt durchgelaufen, so dass wir uns schon gegen vier Uhr morgens auf der Höhe von Batum befinden, wo wir die Lichtarme der russischen Schweinwerfer, gespenstisch aus der östlichen Kimm herausgreifend, eifrig am Horizont herumtasten sehen können!

Weiter geht es unbemerkt, und im Morgengrauen, bei diesigem Wetter, mit treibenden Schneeflocken in der Luft, stehen wir vor Poti.

Wir gehen so weit heran, als die Vorsicht vor etwaigen Minensperren erlaubt. Dann stoppen die Maschinen, und mit leiser Fahrt wiegt sich der Kreuzer in dem trüben Wasser des Novembermorgens.

Eine kurze Pause, dann sind die Entfernungen bestimmt, die Ziele ausgemacht, und die ersten Schüsse nehmen den erstaunten Russen jeden Zweifel über den Zweck unseres Erscheinens.

Rasch sind wir eingeschossen. Unsere ersten Salven gelten den Landbefestigungen. Deutlich sind die Schutzwehren und Traversen zu erkennen. Wir sind ja auch nur zweitausend Meter ab. Doch dort bleibt alles ruhig, jedenfalls ist das alte Fort gar nicht besetzt.

Da bekommen wir plötzlich Artilleriefeuer von einer unsichtbaren Batterie. Anscheinend sind hinter der Mole schleunigst Feldgeschütze aufgefahren. Ihre Salven liegen erst zu weit, dann aber deckend. Unsere Flagge wird von einem Sprengstück zerrissen. Sonst bekommen wir keine Treffer ab.

Nun heißt es aber raus mit unseren Salven! Eine große Kranbrücke, ein paar Speicher am Hafen werden zerstört und in Brand geschossen. Dampfer liegen zu unserem Bedauern nicht im Hafen.

„Mehr gibt's leider nicht zu tun", meint der Artillerieoffizier, und der Kommandant gibt Befehl zum Abdrehen. Jetzt schießen die wütenden Russen sogar mit Gewehren und mit Maschinengewehren auf uns, aber alles zu kurz. Unsere Leute antworten mit einem höhnischen Grinsen.

Das Wetter hat sich inzwischen verschlechtert. Ein stärkerer Regen setzt ein und erschwert ein genaues Schießen, das umso weniger Spaß macht, als die Russen, wohl infolge einiger Salven auf ihre unsichtbare Batterie, das Feuer einstellen.

So schweigen auch wir wieder und dampfen in Sicht von Land, mit nordnordwestlichem Kurs davon.

Kein Feind wird angetroffen, nicht das kleinste russische Segelschiff; augenscheinlich hält sich wohl alles in den Häfen verborgen. So meinen wir, dass es allmählich Zeit wird, wieder zu unserem geliebten Bosporus zurückzulaufen, denn Russen treffen wir ja doch nicht.

Aber meistens kommt es ja anders, als man denkt. Zunächst meldet die Funkentelegraphie, dass die Russen mit sechs großen Schiffen und dreizehn Torpedobooten Zonguldak beschossen haben.

Was für ein Aufwand! Um ein armseliges, unbefestigtes Nest zu beschießen, kommen sie mit ihrer ganzen Armada an.

„Goeben“ lief aus, um das russische Geschwader zu fassen, doch zu spät hatte der Admiral von der Beschießung Meldung erhalten. Froh der gelungenen Heldentat gingen die Moskowiter schleunigst nach Sewastopol zurück: „Goeben“ traf kein russisches Schiff mehr an.

Das war die erste Überraschung, die uns die Funkentelegraphie brachte. Nun die zweite: Truppentransporte zum Kaukasus werden fortgesetzt. Fünf Dampfer sind vom Bosporus unterwegs. „Breslau“ soll weiter Transporte sichern.

Na schön, also einlaufen, „jok“, und weiter schlingern! Wo die Dampfer augenblicklich sind, weiß der liebe Himmel! Doch wir haben Glück.

In Unieh treffen wir den Dampfer „Millet“. Wir gehen zu Anker. Von morgens bis abends bringen große Mahonen die Truppen beim Dampfer längsseit. Endlich, gegen zehn Uhr abends, ist alles eingeschifft. Tausend Mann und vierhundert Pferde sind übergenommen. Um elf Uhr bekommen wir den Dampfer „Akdeniz“ in Sicht. Mit beiden gehen wir nun nach Trapezunt und überwachen dort die Ausschiffung der türkischen Truppen. – Wie nahe ist Batum, wie leicht könnten die Russen durch ihre Kreuzer die Ausschiffung unmöglich machen! Doch der Moskowiter unternimmt nichts.

Glücklich wird die Ausschiffung beendet. Glücklich wird der Heimmarsch angetreten. Und jetzt setzt das prächtigste Wetter ein, natürlich nur um uns zu narren. In wunderbarer Schneekette liegt die Mauer des Kaukasus im Osten hinter uns, überragt von dem wolkenumkränzten Elbrus. Grün und anmutig reihen sich im Süden die Berge der anatolischen Küste aneinander.

Nähern wir uns dem Land, so kommen die Türken mit ihren Mahonen herausgesegelt, die Kinder schwenken Fahnen und begrüßen uns mit ihren Volksliedern, die uns ganz sonderbar anmuten. Ihre Boote sind vollgepackt, dass die Wellen bis an den Rand ihrer Setzborde aus Segeltuch hinauflecken.

Die „Breslau“ stoppt und lässt die Boote längsseit kommen. Denn unsere Messen- und Kantinenvorstände haben gute Erfahrungen damit gemacht. Aus einem der Boote werden große Säcke mit Haselnüssen hochgemannt. Ein anderes bringt lebende Hammel und Hühner, ein drittes Kohl und Gemüse. Unsere Schanze gleicht einem Marktplatz.

Und alles Liebesgaben! Liebesgaben der von den Russen bedrohten anatolischen Küstenbewohner für ihren Beschützer, den türkischen Kreuzer „Midilli“. Vier Schornsteine hat er, also muss er ein ganz besonders starker und großer „Panzer“ sein! Denn die alten osmanischen Schiffe haben ja nur zwei, höchstens drei Schornsteine, denken die alten „Mahondschis“.

Die Mütessarrifs, das sind die Bürgermeister, und die Hodschas kommen an Bord, sprechen unserem Kommandanten ihre Freude aus, die „Midilli“ zu sehen, und erbitten Allahs Schutz für das Schiff.

Das Wappen der „Breslau"

Der Hodscha überreicht unserem Kommandanten einen großen Blumenstrauß. Wir sind gut Freund mit den Leuten und freuen uns über ihre aufrichtige Herzlichkeit.

Die See ist ruhig, nur eine leichte Dünung erinnert an die letzten Schlechtwettertage. Alles ist in der besten Laune. Jetzt will eigentlich keiner nach Haus, wir wollen doch auch mal bei gutem Wetter zur See fahren! Tagsüber bleiben wir in Sichtweite der Dampfer, bei Nacht werden Vorstöße nach Norden gemacht, bei Morgengrauen wird wieder zu Küste gelaufen, und die Dampfer werden wieder aufgesucht.

So pinschern wir ganz „jawasch“ (langsam) dem Bosporus zu. Wir alle haben wieder ordentlich Seebeine bekommen und sehen mit lachendem Frohmut den nächsten Tagen entgegen. Was wird denn da viel kommen! „Breslau“ wird einen bis zwei Tage kohlen. Dann wird Reinschiff gemacht, und vielleicht gibt es noch einen bis zwei Ruhetage. Der nächste Morgen sieht uns dann schon wieder draußen im Schwarzen Meer.

Eigentlich haben wir ja auch noch keinen Krieg mit den Russen gehabt. Bis jetzt hat die „Breslau“ noch kein russisches Schiff zu sehen bekommen, und sie sehnt sich wieder mal nach neuer Feuertaufe. Die paar Granaten von Poti können nicht zählen.

Am 13. November abends laufen wir glücklich mit unseren beiden Dampfern ein. Am nächsten Tag wird gekohlt, und die „Breslau“ ist klar zu einer neuen Unternehmung.

Endlich ran an den Feind!

Es ist der 17. November 1914, ein Donnerstag. Morgen, Freitag, ist Sonntag, türkischer Sonntag, den auch wir feiern. Dafür wird an unserem Sonntag stramm Dienst getan. Es ist sonderbar, wie schnell man sich daran gewöhnt.

Und doch kommt am Sonntagmorgen oft die alte Sonntagsstimmung über einen, die sich durch die Gewohnheit des ganzen Lebens herausgebildet hat. Und dann ist man bass erstaunt und oft unangenehm berührt, dass die neue türkische Routine darauf keine Rücksicht nimmt. Freitags hat man aber gar nichts dagegen einzuwenden, wenn die altbekannte Sonntagsroutine gilt.

Der Donnerstag ist an Stelle des Sonnabends Reinschifftag geworden. Überall wird gespült, alle Decks stehen unter Wasser. Es tropft von den Aufbauten, aus den Speigatts strömt es in dickem Strahl, und wenn man nicht achtgibt, läuft man dem fröhlich spülenden „Hein" in die Arme und ist von oben bis unten nass.

Und dann hat Hein natürlich „Herrn Leutnant rein gornich gesehen!"

Um neun Uhr stehen die Messereiniger vor der Messe, und der Messevorstand bittet energisch, die Messe zu räumen. Also raus aus dem gastlichen Raum!

Draußen im Zwischendeck stakt man auf den Hacken durch den Gang, damit das Wasser nicht oben in die Stiefel läuft, und sucht sich in seine Kammer zu retten. Aber du heiliger Himmel – auch dieser Hoffnungsstrahl wird einem genommen! Drinnen steht fröhlich grinsend der Herr Bursche. Den Schreibtisch und die Bücher hat er auf die Koje getürmt, die Teppiche liegen auf dem Spind, er selbst, bis zu den Knöcheln im Wasser, wäscht munter Farbe.

Der Bursche sieht seinen Brotherrn gänzlich teilnahmslos an. „Zum Donnerwetter ja – in einer Stunde sind Sie doch hoffentlich fertig!" „Nein, Herr Leutnant, vor heute Mittag wird es wohl nichts werden", meint er seelenruhig.

So – nun hat man's aber satt! Also rüber zum Kameraden in die andere Kammer!

„Krieger-Bey* gehst du mit, wir wollen in den Basar, sonst säuft man hier noch ab!"

„Ja, ich komme mit, aber Para jok (kein Geld)!"

„Schadet nichts, wir gehen nur Spickbock ärgern!"

Also nun flugs um Urlaub gebeten, Dienst ist heute ja nicht, und nach den tüchtigen Seetörns wird ein Urlaub auch an einem freien Vormittag gern gewährt. Sonst ist ein Anlandgehen ja nur nachmittags möglich.

Bald streben wir in Zivil durch die Wasserfluten hindurch dem Fallreep zu – jetzt nur rasch von Bord, sonst kommen wir noch mit Wasser in den Stiefeln an Land.

Wir wollen uns beim Wachhabenden Offizier von Bord melden und rufen ihm schon von weitem in unserer Schadenfreude zu, ob er nicht mitgehen wolle, statt hier wie ein Wassermann zwischen all den sprudelnden Reinschiffschläuchen zu stehen.

Aber zum Deuwel noch eins, der ärgert sich gar nicht, sondern lässt uns gemütlich lachend auf sich zukommen. Am Fallreep hält er uns an den Rockknöpfen fest.

„Jassak! (Verboten!) Da, seht mal dorthin!"

---

* Bey = türkischer Adelstitel

Auf der Schanze steht der Kommandant mit dem Ersten Offizier und dem Leitenden Ingenieur. Und daneben mit wichtiger Geheimratsmiene der Funkentelegraphenoffizier.

„Dicke Luft, es darf keiner von Bord", sagte der Wachhabende.

Wir sehen uns erst mal verdutzt an. Also Basar jok. Aber qualmen tun wir noch nicht, wann soll denn die Sache eigentlich losgehen? Nach einer Viertelstunde kommt's dann heraus: Neunzehn russische Schiffe haben Trapezunt beschossen. „Goeben" und „Breslau" sollen beschleunigt Dampf aufmachen, um die Russen abzufangen!

Nachmittags um zwei Uhr sind wir klar.

„Donnerwetter, was ist die türkische Kohle gut!" Wir qualmen wie Novorossisk, und drüben erst der dicke Bruder, die „Goeben".

Man sollte es gar nicht denken, was für Welten von Rauch aus ihren doch immerhin nicht sehr zierlichen Schloten sich wälzen können. In immer neuen Wolken und schwärzlichen, wirbelnden Ballen quillt es empor und erfüllt den Luftraum zwischen den Masten mit einer langsam aufsteigenden dunklen Masse, die sich im Wasser wie Gewitterschatten widerspiegelt.

Die Atmosphäre über uns ist von rußigem Dämmer erfüllt wie die Luft über einer Industrie- und Fabrikstadt.

Aber es ist besser, wir qualmen jetzt, als heute Nacht oder morgen, wenn wir den Russen suchen. Dem wollen wir diesmal energisch ans Fell. Auch „Hamidieh" und die Flottille werden mit uns auslaufen.

Wir sind inzwischen Anker auf gegangen und haben uns aus dem Bosporus und durch die Minensperre geschlängelt. „Goeben" und „Breslau" laufen nun mit Nordostkurs nach Sewastopol. Dorthin müssen die Russen ja wieder zurück, dort ist also die größte Wahrscheinlichkeit sie zu treffen. Vor ihren eigenen Kriegshafen müssen

Vorn die „Goeben", dahinter die „Breslau" im Schwarzen Meer

wir mit unseren beiden Schiffen laufen, um die russische Flotte zum Kampf zu zwingen.

„Hamidieh" soll an der anatolischen Küste, die Torpedoboote in dem Sektor zwischen uns und sich aufklären.

Früh wird es dunkel. Mit fünfzehn Seemeilen fahren wir nach Norden.

Es ist eine schöne Fahrt. Ganz still ist es, und nur in dem leisen Surren der Ventilatoren dringt das atmende, geheimnisvolle Leben des Kreuzers auf die Brücke, die fast wie ein Gebilde für sich, wie kaum mehr zugehörig zu der undeutlichen Masse des Schiffes, unter uns durch die Dunkelheit gleitet. Schweigend ziehen die Schiffe dahin.

An Backbordseite vor uns läuft wie ein großer dunkler Koloss die „Goeben", dreihundert bis vierhundert Meter entfernt. Schwer und niedrig liegt der große Kreuzer auf dem Wasser; von seinen dicken

Schloten zieht der Rauch nach achtern ab wie ein schwarzer Mantel, der in der Dunkelheit nur noch als tieferer Schatten zu erkennen ist.

Jetzt blinkt es drüben auf; es ist die Klapplaterne, eine lichtschwache Signallaterne, die nur in Richtung des Empfängers leuchtet.

„Breslau" soll nach Sewastopol vorauslaufen", sagt das schweigend aufblinkende Auge, und soll aus Sicht von Land dort kreuzen. „Goeben" wird morgen Mittag auf dem Sammelplatz vor Sewastopol eintreffen!"

Ein schnarrender doppelter Griff an den Maschinentelegraphen auf der Brücke: „Beide Maschinen große Fahrt voraus"; wir gehen auf eine höhere Fahrtstufe.

Bald macht sich eine Veränderung bemerkbar.

Das anfangs leise Surren der Maschinen wird eindringlicher, die Schrauben beginnen von achtern her vernehmlich zu poltern. Es ist, als ob das ganze Schiff sich strecke und vorwärts renne in die Dunkelheit.

Wenn man nach achtern blickt, kann man wahrnehmen, wie die Hecksee aufschäumt, und der matt schimmernde Streifen, den wir hinter uns aufwirbeln lassen, wird breiter und höher; der ganze Schiffskörper beginnt in stärkere Schwingungen zu geraten. Wir sind auf achtzehn Seemeilen gegangen und laufen an der „Goeben" vorbei.

Da blitzt die Signallaterne nochmals auf!

Was, ein neuer Befehl? Was verkündet die lautlose Stimme in der Nacht?

„Seine Majestät der Kaiser haben Allerhöchst folgenden Offizieren und Mannschaften das Eiserne Kreuz zweiter Klasse zu verleihen geruht“ – so liest der Signalmaat ab -, und dann folgt eine Reihe Namen, Offiziere und Unteroffiziere, Matrosen und Heizer.

Die Anerkennung Seiner Majestät für die letzten „Breslau-Fahrten“!

Das war ein freudiger Abschied vom Flaggschiff!

Die ersten Eisernen Kreuze für das Schiff! Nur der Kommandant und der Artillerieoffizier hatten es schon vorher für die Messina-Fahrt erhalten.

Die Nacht wird diesig und noch dunkler; wir fahren jetzt mit achtzehn bis zwanzig Meilen. Eine solche Fahrt wirkt außerordentlich schnell in der Dunkelheit, da nachts die Bewegung über das Wasser immer überschätzt wird.

Mit einem monotonen, zischenden Sausen zieht unten in der samtschwarzen Dunkelheit das Wasser vorbei. Sonst ist es fast ruhig. Die verschiedenen Geräusche des eilenden Schiffes haben sich für uns im Gegenwind auf der Brücke zu einem eintönigen Summen vereint, das in unseren Ohren zu klingen scheint; nur manchmal verkündet das Brausen einer Ventilationsmaschine aus den Luftschächten von dem bebenden Leben dort unten im Schiffsleib. Wir sehen von dem schlanken Kreuzer nichts als die undeutlichen Umrisse des dunklen Oberbaues. Es ist ein schweigendes, gespenstisches Fahren.

Und dabei weiß man doch, dass an jedem Geschütz, an jedem Scheinwerfer, an jeder Brückennock ein Mann steht, der mit geschärften Sinnen in die Nacht lauert, dass auf dem scheinbar leblosen Schiff ein höchstes Leben in viel hundert Augen wach ist, die sich angestrengt in die Dunkelheit bohren.

So fahren wir dahin, jeden Augenblick gewärtig, auf den starken Gegner zu stoßen.

Spät bricht endlich der Tag an. Was die bedeckte, sternlose Nacht vermuten ließ, zeigt die Helligkeit. Diesig und dick liegt die Luft über dem Wasser, und der Horizont ist von matt schimmernden Nebelwolken verhängt.

Gegen neun Uhr stehen wir vor der Krim bei Sewastopol. Doch von der Küste ist nichts zu sehen. Nur der eigentümliche Duft von Land zieht durch die kalte Nebelluft zu uns. Leider wird das Wetter immer dicker und nebliger statt aufzuklaren.

„Breslau“, hüte dich; das ist schlecht Wetter für kleine Kreuzer, wenn ein starker Feind in der Nähe ist. Was willst du machen, wenn das russische Linienschiffsgeschwader jetzt auf naheste Entfernung aus dem Nebel auftaucht und dich mit seinen schweren Geschossen überschüttet? Zu gering ist die Entfernung, wenn die Russen jetzt überraschend in Sicht kämen, zu spät ist es dann zum Weglaufen!

Ein paar Stunden vergehen so, während wir mit niedriger Geschwindigkeit, aber Dampf in allen Kesseln für höchste Fahrt, im Nebel hin und her pendeln, bebend vor Erwartung wie ein zum Sprung bereites Tier.

Endlich klart es ein wenig auf. Der Nebel wird dünner, scheint etwas von uns wegzurücken; wir können mehr Wasser um uns herum übersehen. So schleichen wir wie eine Katze auf und ab, ohne dass etwas von dem russischen Geschwader zu bemerken ist.

Aber auch die „Goeben“, ist noch nicht zu sehen, obwohl wir schon seit geraumer Zeit auf dem Rendezvousplatz im triefenden Nebel auf und ab patrouillierten. Wir können uns aber mit ihr nicht durch Funkspruch über ihr Ausbleiben verständigen, ohne zugleich auch den Russen unsere Anwesenheit zu verraten.

Darum heißt es stumm im Nebel weiter warten.

Rings um uns ist die halb durchsichtige, milchig weiße Wand, die die ganze Ferne aufschluckt und mit dem glatten stillen Wasser in eins zu verlaufen scheint; man kommt sich vor wie allein auf der Welt.

Wir stehen auf der Brücke und versuchen immer wieder mit den Gläsern den Horizont abzusuchen, der nicht da ist; der Nebel beschlägt die Objektive und rinnt in Tropfen hernieder. Manchmal löst sich der Nebel vom Wasser und zieht in silbergrau schimmernden Schwaden weg.

Da kommt hinter einem solchen Schwaden ein dunkler Fleck heraus – angespannt starren wir darauf hin – noch mehr Schwaden schieben sich vorbei, das blendende Gewoge öffnet sich, und auf etwa fünfundzwanzig Hektometer kommt ein mächtiger Schiffsschatten aus dem Nebel heraus, zwei Masten, zwei kurze dicke Schlote, ein Scheinwerfer blitzt auf – Erkennungssignal!

Hurra, es ist die „Goeben“!

Sie kommt rasch näher; wir setzen uns in ihr Kielwasser und lauern nun zu zweit auf den Russen. Sichtigkeit und Beleuchtung sind wechselnd.

Nachdem auf ein paar Augenblicke sogar ein paar Sonnenstrahlen durch den weißlichen Dunst geblendet haben, verschleiert sich die Fernsicht wieder, und die bräunlichen Schwaden rücken näher.

Da plötzlich: „Alarm!“

An Steuerbord voraus taucht schattenhaft ein Kriegsschiff mit drei Schloten aus dem Nebel heraus. Ein Kreuzer. Einer von der „Kagul-Klasse“. Er muss uns auch gesehen haben, denn sofort macht er kehrt und läuft nach Backbord hinüber.

Da – jetzt kommt auch an Backbord voraus Schiff um Schiff aus dem Nebel heraus, die ganze russische Linie. Vier Linienschiffe, dahinter zwei Kreuzer und noch einige Zerstörer!

Was nun folgt, ist wie eine blitzartige Serie von Geschehnissen, ein mörderisches Schattenspiel im Nebel, das sich automatisch und mit atemberaubender Schnelligkeit vollzieht.

Auf den russischen Schiffen, kaum sechzig Hektometer entfernt, blitzt es auf; fast zugleich auch auf der „Goeben“, die vor uns fährt.

Es ist ein unvergessliches Bild!

Unser Flaggschiff sehen wir als breite, dunkle Silhouette vor dem blendenden Hintergrund des Nebels; nur die Masten mit den Scheinwerfern, Schlote und Türme sind wie noch dunklere Flecke konturenhaft auf die graue, niedrige Masse aufgesetzt. Während aber die Steuerbordseite nur eine kahle, glatte Fläche zeigte, reckte die Backbordseite aus ihrer Silhouette die Rohre drohend dem Feind entgegen.

Es lag etwas unsäglich Aggressives in diesem Anblick, die ausgestreckten langen Rohre wirkten wie eine Zusammenfassung der ganzen Kampfkraft des Schiffes.

Und dann der Augenblick des Feuerns.

Plötzlich kommt in das starre Bild dieser dunklen Silhouette ein momentkurzes wildes Leben. Aus den Rohren schlagen meterlange Feuerstrahlen, die der Nebel dann noch als Flammenschein wider leuchtet.

Einen Augenblick später erstarrt alles wieder. Es war ganz eigentümlich. Nichts sah man auf dem Schiff vor uns, kein Leben schien an Deck zu sein, und dann fuhr plötzlich wieder das rote Feuer aus den Rohren. So wiederholte es sich mehrmals.

Die russische Linie bleibt die Antwort nicht schuldig; reihenweise blitzt es aus den Geschützmündungen ihrer Linienschiffe auf, reihenweise springen um uns herum die Fontänen der einschlagenden Granaten aus dem Wasser.

Dass die Russen mit all ihren Geschützen schossen, merkten wir schon an den verschiedenen Geräuschen der über uns hinweggehenden Geschosse. Wir konnten schon aus dem dumpfen Heulen oder hellen Pfeifen einen Schluss ziehen auf die Art der Kaliber, die uns beehrten.

Wenn dann so ein heulendes Ungetüm von Granate womöglich recht niedrig über unser Schiff hinweggegangen war, hörte man es mit einem plumpsenden Schwapp ins Wasser schlagen; und unvermutet erschien irgendwo die Wassersäule, die im Nebel unwahrscheinlich hoch wirkte, wie eine weißliche Fontäne, aus dem schmutzigen Gasgrund der geplatzten Granate empor geschleudert, um einen Augenblick später rauschend in sich zusammenzufallen.

Die drei neueren Linienschiffe, der „Heilige Eustachius", „Johannes Goldmund" und „Pantaleimon", scheinen speziell die „Goeben" unter Feuer nehmen zu wollen, während der alte „Rostislaff" und die beiden Kreuzer „Kagul" und „Pamjati Mercurja", der „pampige Merkur", wie er bei unseren Signalgästen heißt, es auf uns abgesehen haben. Es surrt und pfeift durch die Luft, die Wassersäulen der einschlagenden Granaten steigen und fallen um das Schiff herum – aber es bekommt keinen Treffer, Allah hält wieder einmal die Hand über uns.

Währenddem passiert die „Goeben" mit hoher Geschwindigkeit die feindliche Linie und hämmert auf sie mit ihren 28 Zentimeter-Granaten ein.

Da sehen wir es drüben auf dem „Jevstaffi", dem „Heiligen Eustachius", aufblitzen! Das war kein Mündungsfeuer! Jetzt wieder! „Jevstaffi" hat ordentlich etwas abbekommen!

Die Russen drehen sofort auf Sewastopol zu, wir gehen mit hoher Fahrt nach Süden. Der Nebel ist unser Feind, der Russen Freund. Und doch nutzen sie ihn nicht. Da tauchen noch einmal die Kreuzer aus dem Nebel auf, vor ihnen eine Menge Zerstörer.

„Breslau" dreht auf sie zu, um ihren Angriff abzuwehren. Aber gleich drehen sie wieder ab, und schon hat sie der Nebel verschluckt; das Gefecht ist zu Ende.

Die „Goeben" unter türkischer Flagge als „Sultan Selim Javus"

Russische Zeitungen meldeten uns später von starken Menschenverlusten des Flaggschiffs, dem die „Goeben" ihr Feuer zugedacht hatte. Aber auch „Goeben" ist nicht ohne Treffer davongekommen. Gott sei Dank waren ihre Verluste nur leicht.

Wir setzen unseren Marsch nach Süden fort. Das Wetter ist jetzt draußen auf der offenen See ganz klar geworden. Auf dem Flaggschiff geht das Signal hoch: „Langsame Fahrt!" Bestattung der Toten! Die Flagge geht halbstocks, der Kirchenwimpel wird gesetzt. Langsam, leise schäumend ziehen die Schiffe durch die ruhige, glatte See.

In feierlichem Zug werden die Gefallenen der „Goeben" aus der Kasematte gebracht und auf der Schanze des Kreuzers aufgebahrt. Die Musik tritt an, die Mannschaften rücken auf ihre Musterungsplätze, die Offiziere versammeln sich.

„Jesus, meine Zuversicht" klingt es vom Flaggschiff zu uns herüber, ein Vaterunser noch, und die Braven werden langsam und feierlich über Bord gegeben.

„Goeben" und „Breslau" im Schwarzen Meer, dahinter läuft quasi im Schlepptau ein türkisches Schiff

Eine dreifache Salve knattert über ihr Soldatengrab.

Tausend Meter Wasser ist besser als ein Meter Erde, denkt der Seemann. Und es gibt auch kein schöneres, kein weiteres Heldengrab, als das unendliche, blaue Meer.

Kein Denkstein schmückt dieses Grab, keine Inschrift erinnert an ihren Tod. Umso treuer und tiefer aber ist ihr Angedenken in die Herzen ihrer Kameraden gegraben. Unvergesslich sind uns die Braven, die bei der ersten Begegnung mit dem Russen im Schwarzen Meer ihr Leben gelassen haben.

„Goeben" und „Breslau" laufen ein, „Breslau", um am nächsten Tag schon, mit Transportern wieder hinauszugehen.

Schwerer als wir, trotz der Ungunst der Witterung für uns, sind die Russen am 18. November getroffen worden. Gezeigt haben wir ihnen, dass sie uns mit ihrer übermächtigen Flotte nicht wie Ratten aus unseren Löchern zu holen brauchen. Die junge osmanische Marine sucht den Feind, und sei er auch bei weitem stärker – und sei es selbst vor dem starken feindlichen Stützpunkt.

Aber auch uns hat der Tag gezeigt, dass wir es mit einem wohl geschulten russischen Geschwader, mit guten Artilleristen zu tun haben. Der Russe im Schwarzen Meer ist nicht zu verachten. Er hat tüchtig und unermüdlich gearbeitet, um ein neues Tsuschima zu vermeiden.

Wintergefechte

Ihr „Breslau-Leute“, denkt ihr noch an den November und Dezember 1914? Wisst ihr noch, wie viel Tage wir im Hafen waren?

Es waren acht Tage – und davon vier Kohlentage! Aber gerade darum sind die beiden Monate so fest in der Erinnerung, so, als ob uns erst in jenem Winter unsere Seebeine gewachsen wären.

Lange Tage, endlose Nächte sind wir mit langsamer Fahrt nach Osten gelaufen, geschlingert, gerollt, gestampft, unter Land die Transporter. Wie oft fragten wir uns, ist denn eigentlich der Bosporus unsere Basis, oder Platana, das armselige, kleine Fischerdorf bei Trapezunt – mit dem lebenspendenden Kohlenhaufen? Aus kleinen Mahonen, gleich sechs, acht Stück an jeder Seite, wurde ganz allmählich und „schluckweise“ die schöne Kohle übergenommen.

Inzwischen laden die Dampfer aus. Wie plumpe Säcke, so erschöpft und gleichgültig durch die ungewohnte Seefahrt bei schlechtem Wetter im Schwarzen Meer – und das ist es eigentlich immer in diesem Wetterloch – lassen sich die „Askers“* bei der Ausschiffung in die Mahonen fallen. Hoch in der Luft, nur einen Gurt um den Leib, baumeln Pferde und Kamele, mit allen Füßen nach Halt und festem Boden suchend. Sie sind heilfroh, wenn sie erst glücklich in der Mahone stehen oder gar erst glücklich im Sande des Strandes traben!

Ihr „Breslau-Leute“ denkt ihr noch daran, wie wir im Dezember einen kleinen Dampfer mit zwanzig bis dreißig verwegenen Tscherkessen, mit weiß Gott was für tollkühnen Absichten und Plänen, zur russischen Donaumündung schleppten? Dort gingen die abenteuerlichen Kerle an Land.

Wir liefen hinüber nach Sewastopol und tänzelten den Russen etwas vor ihrer Hafeneinfahrt herum. Dabei wäre einer Minensuchdivision

* „Askers“ = türkische Soldaten

unser Erscheinen beinahe recht übel bekommen. Leider war ihr nur einen Moment zu früh klar geworden, dass wir der böse Feind seien. So konnte sie sich noch eben mit ein paar Treffern im Leib unter Land retten.

Ein wenig hoher Felsenkamm, mit einem hohen weißen Leuchtturm gekrönt, erstreckte sich vor uns; hinter ihm lag Russlands stärkste Seefestung, Sewastopol, dem die „Goeben" schon im Oktober jenen denkwürdigen „Antrittsbesuch" abgestattet hat.

Heute sind wir, um uns auch höflich zu zeigen, vor der Krimfestung. Aber wir waren ja nur ein „kleiner Kreuzer". Wären nur einmal die Kräfte gleich gewesen, die Russen hätten etwas erleben können in ihrer Seefestung!

Inzwischen aber fing es in Sewastopol mächtig zu qualmen an.

Dem russischen Admiral, mit dem schönen, echt moskowitischen Namen Eberhard, wurde anscheinend unsere Frechheit zu bunt, und er wollte uns wohl einmal seine Kreuzer auf den Hals schicken.

Zunächst ließ er zwei Flugzeuge auf uns los. Wir rüsteten uns für ihren Empfang. Das war für uns neu.

Es war aber augenscheinlich nur ein Erkundungsflug. Denn die großen Vögel blieben in achtungsvoller Entfernung und machten bald wieder kehrt. Dafür näherte sich jetzt ein großer Doppeldecker; zu seiner Begrüßung wurden die beiden achtern Geschütze mit Schrapnells geladen und reckten erwartungsvoll die schlanken Hälse aus den Schutzschilden in die Höhe.

Der Flieger kam recht geschickt in unserer Rauchfahne von achtern auf. Als er in der nötigen Entfernung angelangt war, zuckte es aus den Geschützen auf, und, bums – flogen ihm unsere Schrapnells um die Ohren. Das schien er nicht erwartet zu haben, denn er zog es vor, schleunigst abzudrehen und zu verschwinden.

Aber vorher ließ er schnell noch eine Bombe fallen – da– fünfhundert Meter zu kurz! Mit höhnischem Grinsen begrüßten unsere Geschützbedienungen diese kriegerische Leistung. Ach ja, an Selbstbewusstsein hat es unseren Leuten, Gott sein Dank, nie gefehlt!

Am nächsten Nachmittag laufen wir wieder in den Bosporus ein. Wir gehen dann in die Stenia-Bucht, wo wir docken sollen, um unseren Schiffsboden einmal wieder zu überholen. Seine überlegene Schnelligkeit muss dem Kreuzer erhalten bleiben.

Nach der Wahrscheinlichkeitsrechnung sind wir Weihnachten wieder in See – und Neujahr „haut's" ebenso wieder „hin"! Außerdem haben die Russen ja erst dreizehn Tage später Weihnachtsfest! Also müssen wir gleich nach Neujahr noch mal hinaus, und danach wahrscheinlich auch das russische Neujahrsfest draußen feiern! So malte ein kluger Messekamerad uns die Aussichten der nächsten vier Wochen!

Uns war es recht so! Im Ausland sind wir nun doch einmal, und sind auch von Herzen froh darüber; dann aber ist's doch besser, wir sind Weihnachten in See. Da kann man wenigstens nicht auf dumme Ideen und Heimatgedanken kommen.

Und wirklich, wie der schlaue Mathematikus es ausgerechnet hatte, so kam es. Wir waren an allen vier Festtagen, den beiden russischen und den beiden deutschen, im Schwarzen Meer; in vier schönen Schlechtwetter-Seetörns, nur durch harte Kohlentage unterbrochen, verbrachten wir das Fest.

Die Weihnachtsfeier fiel bei uns diesmal auf den 22. Dezember, damit allen vermutlichen Versuchen der Russen, das eigentliche Fest zu stören, zwei Tage später wirksam begegnet werden konnte. Es gab eine Bescherung für die Leute und eine schöne Predigt des Botschaftspredigers Grafen Lüttichau.

Die Pakete „von den Lieben in der Heimat" waren infolge der verschiedenen politischen Verkehrshindernisse auf dem Balkan bis jetzt nicht eingetroffen. Wir hofften aber, uns in den Besitz aller dieser sehnlichsten erwarteten Genüsse setzen zu können, sobald wir von unserer Weihnachtsfahrt wieder eingelaufen wären.

Hätte einer damals die Vermutung ausgesprochen, wir würden unsere Pakete erst im Juli erhalten, dann hätten wir ihn mindestens für etwas „nervenschwach" gehalten.

Aber tatsächlich kamen an einem schönen Julitage, mittags, in der glühenden Sommersonne, die ersten Weihnachtspakete für das vergangene Kriegsjahr an Bord. Da freute man sich ganz besonders über die dicken, warmen Wollsweater und Pelzhandschuhe und über die schweren Wollschals! Und auch die beste Dauerwurst war der langen Reisedauer nicht gewachsen gewesen und musste nun in den Bosporus wandern.

Am 23. Dezember war unser Weihnachten vorbei. Wir machten seeklar und liefen in unser geliebtes, aufgewühltes Schwarzes Meer hinaus.

Heiliger Abend! Unsere „Stille Nacht, heilige Nacht" feierten wir oben auf Ausguck. Es war kalt und ungemütlich. Wie Nadelstiche fuhr uns der Regen ins Gesicht.

Nach vier Stunden Wache, von oben und von unten nass, durchgeschlingert und durchgefroren, war unser Bedarf an Wachegehen zunächst einmal wieder bis auf weiteres gedeckt.

Schließlich war es aber doch 3 Uhr 50 morgens geworden, die Ablösung wurde „gepurrt". Wie Engelsmusik kam uns in unserer Höhe der Pfiff der Bootsmaaten der Wache vor, der „die Backbord-Kriegswache Backbord unter die Back zur Musterung" pfiff. Aber es sollte wie gewöhnlich wieder einmal ganz anders kommen.

Ich war eben an Deck heruntergekommen, da blitzte, ein Strich an Backbord voraus, plötzlich ein Licht in der pechschwarzen Regennacht auf.

„Alarm!“ – „Scheinwerfer leuchten!“

In der Peilung bohrt unser Scheinwerferstrahl eine blendende Lichtgasse durch die regnerische Dunkelheit, von der sich plötzlich quer zu unserem Bug in grellem Schein der Rumpf eines größeren Schiffes abhebt; russischer Dampfer!

Während wir auf ihn zu wollen, um ihn anzuhalten, flammt auf ihm ein Erkennungssignal auf und – wird aus der Dunkelheit wiederholt, Backbord querab von uns.

„Scheinwerfer „Anna“ zweihundertsiebzig Grad leuchten!“

Da, im weißen Lichtkegel erscheint der Umriss eines Linienschiffs, plump, kurz und hoch; aha, „Rostislaff“, unser Freund.

Was nun geschah, spielte sich in ein paar Augenblicken ab. Wir hatten nicht viel Zeit zum Überlegen; wer wusste, wie viele Schiffe noch hinter „Rostislaff“ standen.

Unser Scheinwerfer hielt zunächst den russischen Dampfer fest. Die Entfernung bis zu dem Dampfer war ganz gering, etwa zwölf Hektometer.

Vier bis fünf Salven krachten, alles Treffer, viele in der Wasserlinie. Der Dampfer ist wie in einen Mantel von Feuer und berstenden Granaten gehüllt, er krängt stark und sackt weg.

Inzwischen morst der gute „Rostislaff“ mit seiner roten Topplaterne ängstlich weiter. Da schlagen schon unsere Granaten in seine Aufbauten, Salve auf Salve. Die „Breslau“ war unheimlich fix in jener Nacht.

Drüben auf dem Russen noch immer kein Schuss; aber an seinem Scheinwerfer „fummelt“ er herum und bekommt ihn nicht klar. In Gedanken hören wir ordentlich die Scheinwerfergäste fluchen und die Kohlenstifte tropfen und zischen. Von uns hat der Russe nicht

„Breslau" im Gefecht mit russischen Zerstörern

mehr gesehen als unser grelles Lichtauge und das Aufblitzen unserer Schüsse. Jetzt kommen Torpedoboote von achtern auf, mit großer Fahrt, sie richten sich nach unserem Scheinwerferlicht.

„Scheinwerfer blenden!"

Plötzlich ist tiefste Dunkelheit um uns.

„Beide Maschinen äußerste Kraft voraus!“ Wir drehen ab und laufen mit hoher Fahrt weg, hinein in das schützende Dunkel.

Das Ganze dauerte nur ein paar Augenblicke und war unbeschreiblich schön. Unser Kreuzer kam mir vor wie eine geschmeidige Tigerkatze, die ein paar Opfer blitzschnell überfällt und dann mit einem riesigen Satz wieder in die Nacht entschwindet.

Wir hatten anscheinend einen Flügel der russischen Flotte gefasst und artig zersaust. Herrgott ja, hätten wir etwas mehr Backbord und näher am „Rostislaff“ gestanden, dann hätte wohl ein Torpedotreffer sitzen können.

So hatten wir wenigstens einen Dampfer versenkt, und der „Rostislaff“, der „langweilige Knabe“, mag manche Menschenverluste zu beklagen gehabt haben.

Das war unser Heiligabend, und schöner und mir unvergesslicher als viele andere.

Weiter liefen wir nach Norden, weg von den Zerstörern, die uns in der dunklen Nacht unangenehm werden könnten. Vor Hellwerden kehrten wir um und hielten wieder auf die Russen zu, um bei Tagesanbruch von neuem mit ihnen Fühlung zu bekommen. Dabei lief der „Breslau“ inzwischen noch ein anderes Opfer in die Arme.

6 Uhr 50 Minuten bei Hellwerden kam achteraus ein Dampfer in Sicht!

Hart um das Ruder, kehrt, und mit hoher Fahrt auf ihn zu!

Zu dieser Zeit hier ein Dampfer, mit Kurs auf Zonguldak? Das muss sicher ein Russe sein!

Signal von uns: „Zeigen Sie Ihre Nationalflagge!“ Und tatsächlich geht die russische Flagge am Stock hoch! Er hat gesehen, dass er nicht mehr entrinnen kann, und dreht bei.

Da, eine Schusswolke drüben, der Kerl schießt ja!

„Salve! Feuern!“ „Nein, halt, Batterie halt!“ Der Dampfer hat nur gesprengt. Jetzt erfolgt auf ihm eine neue Explosion!

Wir signalisieren: „Leute in Boote schicken!“ Zwei Boote werden gefiert, besetzt. Der größte Teil der Besatzung springt mit Schwimmwesten ins Wasser. Es ist russische Marinemannschaft, zwei Offiziere.

Wir laufen inzwischen auf den sinkenden Dampfer zu, stoppen, fieren unsere beiden Kutter und fischen nun die treibenden Kerle aus dem eisigkalten Wasser auf. Unsere Boote haben in der hohen See schwere Arbeit. Endlich haben wir alle übergenommen. Zum Teil sind sie so erschöpft und erstarrt, dass sie wie leblos an Deck liegen. Durch die Fürsorge unserer Ärzte werden alle wieder munter. Nur einer lässt sich trotz stundenlanger Bemühungen nicht wieder zum Leben zurückrufen. Er ist anscheinend erstarrt.

Unsere Boote werden wieder geheißt. Dann bekommt der Dampfer noch ein paar Schuss in die Wasserlinie. Langsam läuft er voll, neigt sich langsam nach vorn über, jetzt immer schneller, und in wildem Durcheinander rutscht alles an Deck Befindliche zu Wasser.

Dann geht er plötzlich mit der Nase zuerst und mit hoch gen Himmel ragendem Heck, unter dem dumpfen Sprengen seiner Decks, in die Tiefe. Als letztes verschwindet die russische Flagge unter Wasser.

Eine Menge von Holzstücken, Rettungsringen und treibenden Booten zeigt das Grab des Dampfers an. Es war der deutsche Levante-Dampfer „Athos“, der bei Kriegsausbruch in einem russischen Hafen von der russischen Regierung für Kriegszwecke beschlagnahmt wurde.

Warm in wollene Decken gehüllt, liegen die Russen unter der Back und grinsen uns mit ihren breiten Gesichtern dankbar an. Noch trauen sie uns aber nicht ganz.

Nach zwei weiteren Stunden sind ihre Glieder wieder geschmeidig. Sie werden mit ihren Offizieren auf die Schanze geführt und nehmen dort schnell auch nach deutschem Kommando Vordermann und stehen still.

Jetzt rückt ein Halbzug unserer Leute mit Gewehren auf die Schanze.

Da schlottern den Russen doch die Knie! Die Deutschen haben uns also nur mit allen Anstrengungen aus dem Wasser gezogen, um uns nachher desto sicherer zu erschießen! So scheinen die Kerle zu kalkulieren.

Da wurde ihr erstarrter und gestorbener Kamerad, nach Seemannsbrauch in Segeltuch eingenäht und in die russische Kriegsflagge gehüllt, achteraus gebracht. Der gefallene Russe wird mit allen Ehren außenbords gesetzt. Auch für ihn knattert die Ehrensalve über das Meer.

Stumm sehen die Russen ihrem toten Kameraden nach. Ist doch der Deutsche so ganz anders, als ihnen zu Hause erzählt wurde!

Ein Mannschaftsraum wird den Gefangenen als Aufenthaltsort angewiesen. Dort liegen sie wohlig und warm und scheinen mit ihrem Schicksal ganz zufrieden. Nur bei den Gefechten des kommenden Tages ballerten sie in ihrer Herzensangst mit den Fäusten gegen die Tür. Sie scheinen ein zweites Bad im kalten Schwarzen Meer zu befürchten.

Die beiden Offiziere werden im Lazarett untergebracht. Aus ihnen ist nicht viel herauszubekommen. Der Dampfer scheint mit Spreng- und Sperrmaterial nach Zonguldak unterwegs gewesen zu sein.

Nach dieser Morgenepisode laufen wir weiter nach Westen, um die russische Flotte wieder zu treffen. Wir wollen mit ihr Fühlung halten, um die „Goeben“, die ganz im Osten des Schwarzen Meeres steht, heranführen zu können.

Gegen Mittag kommen im Süden Rauchwolken in Sicht. Allmählich tauchen Masten und Schornsteine über dem Horizont auf. Aha – die ganze russische Flotte! Die fünf Linienschiffe in Dwarslinie, seitlich heraus und davor die beiden Kreuzer und vier Zerstörer, hinter der Linie mehrere Begleitschiffe – vielleicht noch andere solcher munterer Sperrschiffe, wie wir heute früh zwei versenkten!

So sehen wir unseren Feind zum ersten Mal bei hellem Tag. Wie oft kamen später noch die drei Gruppen von Rauchwolken in Sicht, in der Mitte fünf und seitlich davon zwei und vier! Also die Linienschiffe, die beiden Kreuzer und die vier Zerstörer! – Elf feindliche Kriegsschiffe, gegen die unsere „Breslau“ allein ist. Und doch hat sie mit ihnen angebändelt!

Die Russen laufen mit hoher Fahrt auf uns zu, weit voraus die Torpedoboote, mit weithin leuchtender, schäumender Hecksee.

Die Zerstörer kommen sehr schnell auf. Jetzt sind sie in guter Schussweite.

Wir drehen etwas auf sie zu, unsere Rohre für die große Entfernung hoch emporgereckt, und schicken ihnen unsere eisernen Grüße hinüber. Die vier Zerstörer stoppen, legen sich breitseits hin. Jetzt blitzt es drüben aus ihren zwölf 10,5 Zentimeter-Geschützen auf; sie schießen mit ganz vorzüglicher Munition, wie wir leider später am eigenen Leibe verspüren mussten.

Zuerst liegen ihre Salven weit, dann aber gleich deckend. Zeitweise stehen ganze Kolonnen weißer Wasserfontänen sekundenlang um uns herum. Gut gemacht, ihr Russen von der schwarzen Zunft dort drüben!

Aha – da kommen auch mit äußerster Kraft die beiden russischen Kreuzer angebraust! Jetzt ballern sie schon los, weiße, runde Wölkchen erscheinen über ihren Decks. Die Schüsse liegen natürlich erst mal kurz. Nun aber müssen wir weg, da die artilleristische Überlegenheit allmählich zu groß wird; zudem dampft das russische Gros heran, und in die Reichweite seiner großen Geschütze dürfen wir nicht kommen.

Wir drehen ab und laufen nach Norden weg.

Die Zerstörer folgen uns aber nicht. Sie haben scheinbar etwas abbekommen und gehen langsam auf die russische Linie zurück.

Doch „Eberhard der Greiner“ schickt seine Kreuzer und Zerstörer von neuem auf uns vor, um uns das Fühlung halten zu verleiden. Wir hätten ihnen gern noch einmal eins auf die Nase gegeben, aber wir müssen nach Norden weg, um vor allem auch die lästigen Zerstörer bei Nacht los zu sein.

Die Russen wollen nach Sewastopol zurück, das ist uns klar geworden. Dort können wir sie bei Tagesanbruch ja wiedertreffen. Wenn doch die „Goeben“ käme, bevor der Feind wieder nach Sewastopol eingelaufen ist!

So fahren wir die Nacht durch mit erhöhter Geschwindigkeit. Im Morgennebel des zweiten Weihnachtstages steht die „Breslau“ wieder vor Sewastopol und wartet auf ihre „Freunde“.

Um sieben Uhr früh, eben ist es hell geworden, kommen auch unsere vier Zerstörer wieder aus dem winterlichen Dunst heraus. Dahinter eine Linie von Rauchwolken: Die Kreuzer und das Gros.

Mit äußerster Kraft laufen wir auf die Boote zu. Die haben aber trotz ihrer tatsächlichen Überlegenheit – sechs 10,5 gegen zwölf 10,5 – keine Lust auf ein Artilleriegefecht und brausen auf ihr Gros zurück.

Immer näher kommt die Linie, schon ist die Flagge des Admirals auf dem russischen Führerschiff zu erkennen. Wir halten uns so eben gerade außer Schussweite. Jetzt geht auf dem Flaggschiff ein Signal hoch, und die ganze Linie blitzt auf.

Die aufgewühlte Hecksee der Breslau

Donner – da sind die Aufschläge der 30,5! Riesige Wassersäulen, nur wenige hundert Meter kurz! Nun aber schleunigst weg, zumal jetzt die beiden Kreuzer mit höchster Fahrt wieder vorlaufen und uns nach Westen, der rumänischen Küste zu, abzudrängen suchen.

Wir gehen auf höchste Fahrtstufe, das ganze Schiff erzittert, und unsere Schrauben poltern los. Es ist wunderbar zu sehen, wie der Kreuzer über das glatte Wasser rast und sich mühelos aus dem feindlichen Feuer wegzieht. Dabei drehen wir allmählich, immer Strich für Strich, der Richtung auf den Bosporus zu.

Hurra, es gelingt! Es ist unmöglich, uns zu überflügeln. Die Kreuzer bleiben erheblich zurück, und Kurs auf den Bosporus liegt an. Die Russen geben das Rennen auf und laufen in Sewastopol ein.

Nachmittags treffen wir uns mit der „Goeben". Zu weit war der Weg, zu spät kam sie, um unser Fühlungshalten auszunutzen. Mitten im Schwarzen Meer haben wir unser Rendezvous.

Signal geht auf dem Flaggschiff hoch: „Der Admiral spricht „Breslau“ seine Anerkennung aus!“

Ein jeder freut sich über das Lob! Mit einem Schlag sind alle trotz der langen, wachen Nächte wieder munter.

Wir geben unsere Gefangenen an „Goeben“ ab.

Dann trennen sich wieder einmal unsere Wege. Der große Kreuzer läuft nach Konstantinopel ein, um endlich auch sein Weihnachten zu feiern; wir gehen wieder nach Südosten, um leere Transporter zurückzugeleiten. So gehen die nächsten Tage und Nächte hin.

In der Nacht vom 27. zum 28. Dezember stehen wir vor der anatolischen Küste außer Sicht von Land und spielen „Schäferhund“. Es geht gegen Morgen; die Nacht ist kalt.

Der vordem noch sternenklare Himmel hat sich rasch mit treibenden Wolken überzogen. Durch die wechselnde Bewölkung dringt die Mondsichel nur mit einem unsicheren, entschwindenden Schein und lässt einen blassen Schimmer über das dunkle Wasser gleiten.

Da kommt kurz vor der Dämmerung an Backbord querab unter Land ein fester Schatten in Sicht.

„Alarm!“

Wir drehen auf den dunklen Fleck zu, bis sich in dem blödsinnig unsicheren Licht ein abgeblendetes Fahrzeug erkennen lässt, höchstens dreißig Hektometer ab, es ragt kaum über Wasser, kein Schornstein, ein kurzer Aufbau, ein kleiner Mast.

Donnerwetter, das ist ja ein U-Boot!

Schon zuckt der grelle Strahl unseres vorderen Scheinwerfers auf den unheimlichen Gast. Deutlich können wir den runden Turm und die kleine Erhöhung am Bug ausmachen.

Jetzt dreht es auf uns zu. Wir ab – und Feuer eröffnet. Flammend krachen unsere Salven los.

Seit dem Aufleuchten des Scheinwerfers sind noch keine zwanzig Sekunden vergangen.

Da, drei feurige Blitze auf dem dunklen, niedrigen Schiffskörper, die charakteristischen Stichflammen von Granaten, die am harten Ziel bersten.

Deutlich konnten wir es im Scheinwerferlicht sehen: Das waren drei Treffer auf der stählernen U-Boot-Wandung.

Als sich der Rauch über der Einschlagstelle verzogen hatte, war nichts mehr zu sehen. Der Scheinwerferstrahl tastete über die leere See.

Hurra, der ist erledigt; das war schnell geschossen und gut gezielt, ihr Geschützführer der „Breslau“.

Wir suchen noch mit dem weißen Kegel, aber vergeblich.

Das U-Boot ist weg!

Und doch, da kommt's ja wieder ins Scheinwerferlicht! „Salve – Feuern!“

Aber halt, nein, das ist ja ein Dampfer! „Halt Batterie, halt!“

Wir fahren näher heran, die Morgendämmerung dringt allmählich durch.

Es ist der Levante-Dampfer „Rodosto“, einer unserer Kohlenfahrer. Wir kommen längsseit und fragen ihn nach dem U-Boot. Die Dampferbesatzung hat von Bord aus die Beschießung des U-Boots mit angesehen und die Treffer beobachtet; dann blieb der tückische Feind verschwunden.

Also die erste Begegnung mit einem russischen U-Boot! Jedenfalls war es schon die ganze Nacht dem Dampfer nachgelaufen und hätte ihn vielleicht eine halbe Stunde später erreicht.

Gut, „Midilli“, hoffen wir, dass alle späteren Begegnungen mit U-Booten ebenso erfolgreich für uns endigen!

Russisch-Weihnachten

Neujahrstag 1915 war vorüber.

Schon am 2. Januar, während die Dämmerung des frühen Winterabends niedersinkt, gehen wir an unserem alten Liegeplatz Anker auf.

Langsam rieselt der Regen vom düsteren Himmel. Tag ist's heute eigentlich gar nicht gewesen, und schon setzt die Nacht wieder ein. Langsam laufen wir hinter einer Minensuchdivision ins Schwarze Meer hinaus. Wir sind Spitze hinter den Minenbooten, in unserem Kielwasser „Hamidieh", „Berk" und ein Transporter.

So geht es dicht unter Land an der anatolischen Küste entlang.

Nur langsam geht es vorwärts. Die Sichtigkeit ist äußerst gering und wird durch den unablässig niederströmenden Regen noch verringert. Vollständige Finsternis umgibt die abgeblendeten Schiffe, und nur undeutlich kann man das leuchtende Kielwasser des Vordermanns erkennen.

Während wir uns so, fast in völligem Dunkel, vorwärts tappen, ereignet sich folgendes: Plötzlich ein starker Knall, ein heftiger Stoß durch das ganze Schiff, und gleich darauf das Geräusch einer großen, dort vorn in der Finsternis niedergehenden Wassermasse.

Bevor man noch überhaupt Zeit hat, über das Geschehnis und seine Tragweite nachzudenken, setzt die ganze Routine unseres Schiffsdienstes mit automatischer Sicherheit ein, wie eine unfehlbare Maschine:

„Alarm! „Bunker-Schotten dicht!". „Beide Maschinen äußerste Kraft zurück!" „Scheinwerfer leuchten!". „Signale!"

Wie ein zweiter Ruck geht es durch das Schiff von den angestrengt rückwärts schlagenden Schrauben; tosend lehnen sich unsere Turbinen gegen unsere Vorwärtsbewegung auf.

Die Sirene heult auf. Eine Rakete saust vom Signaldeck in die finstere Höhe. Blitzend gleiten die Lichtkegel der Scheinwerfer über das Wasser in der Nähe unseres Schiffes.

Wer das alles nie erlebt hat, kann sich gar keinen Begriff machen, welch fabelhaft bewusstes Ineinanderarbeiten der lebende Organismus eines Kriegsschiffes in solchen Momenten entfalten kann, welch unbegreifliches Sicherheitsgefühl dieses automatische Tätigwerden all der tausendfach geübten Sicherheitsmaßregeln in der Stunde der Gefahr dem einzelnen geben kann!

Selbständig kommen sogleich auch die Meldungen der Lecksicherungen aus allen Räumen zur Brücke: „Alle Abteilungen dicht!" Der Kreuzer ist unbeschädigt!

So sonderbar es klingt – wenn man in diesem wunderbaren Ineinanderarbeiten tätig mitgestanden hat, dann hat man gar nichts anderes erwartet; es war ganz selbstverständlich, dass unserem Schiffe gar nichts passiert sein konnte.

Die Ursache der Detonation und des sofort erfolgten Stoßes kann nur gewesen sein, dass eine Mine in dem Suchgerät der vor uns fahrenden Boote zur Explosion gekommen ist; alles andere ergab sich dann aus diesem unerwarteten Ereignis von selbst.

Die nachfolgenden Schiffe scheren aus der Kiellinie, gehen zurück und entfernen sich von der gefährlichen Stelle.

Endlich gegen Mitternacht, sind wir draußen, außerhalb des minenmöglichen Gebiets, und laufen nun mit frischer Fahrt nach Osten. Nadelscharf sticht der Regen ins Gesicht, schmerzt in den Augen und erschwert das Ausguckhalten sehr.

Dicht in den Wachmantel gehüllt, stehen die Ausguckposten auf ihren Stationen. Langsam zieht sich ihr blauer Schal voll Wasser. Da hilft auch kein hochgeschlagener Ölmantelkragen. Irgendwo finden Wind und Regen doch ein Loch und freuen sich, wenn der arme Seemann trotz Südwester und Ölzeug nach vier Stunden doch schön nass geworden ist.

„Lieber Herrgott, lass es warm werden, kalt wird es von ganz allein!" – Selbst bei solchen altbackenen Gemeinplätzen sucht der Geist Zuflucht.

Und eigentlich ist es ja auch der Herzenswunsch eines jeden, und dann wünscht natürlich jeder auch, dass der vermaledeite Regen aufhört!

Wir laufen weiter ostwärts. Auch, nachdem es Tag geworden, verbessert sich das Wetter nicht.

Die Decks sind spiegelglatt. Holt das Schiff über, so rauscht das Wasser der Bordwand zu, um bei der nächsten Bewegung wieder zurückzuschießen. Leinen sind von vorn nach achtern gespannt. An ihnen verholt man sich über Deck, mit seemännischem Geschick manövrierend – schnell vorwärts, ehe die Brandung wiederkehrt – um nicht zuviel Wasser in die Stiefel zu bekommen.

Russen kommen nicht in Sicht; wohl zeigt uns aber lebhafter Funkentelegraphenverkehr ihre Nähe an.

Und richtig meldet uns gegen Mittag „Hamidieh", dass sie sich zwei Stunden mit dem russischen Kreuzer „Kagul" und zwei Zerstörern herumgeschlagen hätte, dass ein Zerstörer versenkt und „Kagul" beschädigt sei. „Hamidieh" selbst habe nur geringe Beschädigungen.

Wir laufen noch immer nach Osten. Unsere Aufgabe ist es, russische Torpedo- und Kanonenboote, die, von Batum kommend, wiederholt armselige türkische Grenzdörfer an der Küste beschossen haben, ab zufangen. Eine undankbare Aufgabe, zu der viel Glück erforderlich ist.

In der Nacht des folgenden Tages laufen wir Riseh, östlich von Trapezunt, an; es ist kalt und sternenklar. Vorsichtig fahren wir in die Bucht.

Dicht unter Land ankern wir in der Innenbucht. Unser Scheinwerfer wischt über die Häuser am Wasser, sucht das Regierungsgebäude. Wir schicken einen Kutter an Land. Der Telegraphenbeamte wird aus dem Schlaf geholt. Er muss dem Befehlshaber der türkischen Küstenfront ein Telegramm übermitteln: „Breslau" bittet um genaue Angabe der türkischen Stellungen, über Ort und Uhrzeit der üblichen Beschießung durch russische Seestreitkräfte."

Im Morgengrauen bekommen wir Antwort.

Erstaunt sehen die Bewohner von Riseh bei Hellwerden, dass ein großes Kriegsschiff in ihrem engen Hafen liegt, und sind froh, in uns die türkische „Midilli" und keinen Russen zu erkennen.

Kaum ist das Antworttelegramm an Bord, so gehen wir wieder Anker auf und laufen nach Norden davon, um, weit von See her ausholend, etwaige Streitkräfte abzufangen.

Das Wetter wird klarer. Dort im Osten ist Batum! Nun ist's Zeit, nach der Küste zu herunterzustoßen. Aber kein Fahrzeug kommt in Sicht. Gerade heute scheinen die Russen zu feiern, die arme „Midilli" hat Pech. Wir müssen uns damit begnügen, eine feste russische Blockhausstellung an der Küste zusammenzuschießen.

Gegen Mittag drehen wir wieder auf Nordkurs, um uns mit „Hamidieh" zu vereinigen, die im Norden vor der Kertschstraße kreuzt.

Am folgenden Tag wird mit unserem türkischen Bruder die Heimreise angetreten. Wir kommen aus der Bucht zwischen der Krim und dem asiatischen Russland, wo wir vergeblich auf russische Truppentransporte nach Batum gelauert haben.

Es ist fast Abend geworden. Dick und schwer hängt der Himmel aufs Wasser; es tropft von allen Stagen und Aufbauten. Sichtigkeit ist so gut wie gar nicht – denkt der Signalmaat, der die Wettereintragungen ins Loggbuch macht.

„So recht ein Wetter für plötzliche unangenehme Begegnungen", meint der Wachhabende Offizier und schüttelt sich den Regentropfen von der Nasenspitze, zum hundertundsoundsovielten Male auf dieser Wache. Abends wird's wieder noch dunkler, hell war es ja eigentlich heute überhaupt nicht, und gegen sechs Uhr ist's stockfinster.

Wir fahren mit fünfzehn Seemeilen durchs Wasser. Zu regnen hat es nun glücklicherweise aufgehört, aber dafür sind wir mitten drin in den Nebelwolken. Die Luft ist so voll Wasserdampf, dass sie sich kaum atmen lässt.

Um 6 Uhr 30 Minuten ist Wachwechsel. Wir kommen aus der kaum beleuchteten Messe an Deck und stellen uns dort, noch gänzlich geblendet, erst mal hin.

Allmählich gewöhnt sich das Auge an die Dunkelheit, und es sieht nicht mehr alles so trostlos eintönig schwarz aus. Einige Konturen des Schiffes kommen allmählich doch heraus. Jetzt tasten wir uns über Deck nach der Brücke und fühlen uns dort an die alte Wache heran. Doch sonderbar, die hat scheinbar keine rechte Lust, abgelöst zu werden. Alles steht zusammen und guckt angestrengt nach vorn.

Da, an Steuerbord voraus, ist ein schwarzer, langer Streifen, ganz nahe, denn weit kann man ja überhaupt nicht sehen.

„Das ist doch sehr verdächtig, ich halte es für Schiffe", meint der Leutnant Modrig.

„I wo", äußert die neue Wache, „das ist ein dunkler Wasserstreifen, da ist eben mal kein Nebel, und dann ist das Wasser eben wie bekanntlich nachts schwarz!"

Alles starrt wieder zum dunklen Streifen. Da blitzt es zweimal aus dem Streifen auf. Fast lautlos – mit einem kaum hörbaren Zischen, also keine Artillerie, Torpedoschuss!

„Hart Backbord, beide Maschinen äußerste Kraft voraus!"

„Alarm!"

„Scheinwerfer sechzig Grad leuchten. Feuer eröffnen!"

„Euch wollen wir schon fassen, ihr verdammten Boote!"

Die feindlichen Zerstörer konnten höchstens fünf bis sechs Hektometer entfernt sein. Unter dem Druck des „Hartruder" dreht das Schiff fast auf dem Fleck; es wirft sich geradezu herum und legt sich dabei so stark über, dass die Scheinwerferstrahlen zunächst einmal in die Luft stechen und erst allmählich aufs Wasser niedergleiten.

Der Zweck ist aber erreicht; unschädlich gehen zwei Blasenstreifen hart an unserer Bordwand vorbei.

Nur das Leuchten mit den Scheinwerfern war nichts. Die Strahlen konnten den dicken Nebel nicht durchdringen; eine grell leuchtende Wand stellte sich dem Auge plötzlich entgegen und blendete ganz unerhört. Sofort werden die Scheinwerfer wieder abgestellt.

Tiefste Dunkelheit und Schweigen umgibt uns wieder. Aber nur für ein paar Augenblicke. Dann setzt ein Höllenlärm ein und zugleich ein Riesenfeuerwerk ganz besonderer Art.

Aus dem Dunkel an der ganzen Steuerbordseite blitzt es in langer Reihe auf, und zehn, zwanzig, dreißig Brummer sausen, heulen, pfeifen durch die Luft auf uns zu.

Aber wie: Hell wie Raketen leuchtend, von einem rotglühenden Flammenmantel umflattert, kommen die infernalischen Geschosse durch den Nebel auf uns zugeritten; die ganze russische Flotte musste im Halbkreis um uns stehen.

Von den Schiffen selbst konnten wir gar nichts sehen, da wir durch die flammenden Geschosse dauernd geblendet waren. Es war ein einzig schönes Schauspiel, wenn es nur nicht so verdammt ernst für uns gewesen wäre.

Jede Granate konnte man wie eine Leuchtkugel schon lange vorher sehen, konnte ganz genau erkennen, die geht rechts, die links von dir vorbei, die kommt gerade auf dich zu, und wenn du Dusel hast, ist sie zu kurz oder zu weit! Und dieses Knobeln war doch etwas unangenehm.

Dabei ballerten die Russen los wie die Wilden. Manchmal waren etwa zwanzig bis dreißig Granaten in der Luft. Ich ging von vorn übers Mitteldeck nach den achteren Scheinwerfern und wurde oft durch den hellen Schein eines vorbeisausenden Brummers so geblendet, dass ich unwillkürlich abstoppte und den Arm vor den Kopf hielt. Dicht über uns weg, zwischen Stagen, Masten und Schornsteinen heulte der Feuerregen durch die Luft.

Die Russen müssen die Geschosse irgendwie leuchtend gemacht haben, sie vor dem Abschuss in Öl getaucht haben, so dass richtig brennende Granaten durch den Nebel auf uns zusausten.

Wir sahen nichts als leuchtende Bahnen auf dem undurchdringlichen Nachthimmel. Dahinter aber lag im Dunkel, vielleicht nur tausend Meter entfernt, der übermächtige Feind mit fünf Linienschiffen, von denen nur ein gut sitzender Schuss unser Schicksal besiegeln konnte.

Darum ziehen wir auch weg, was Kessel und Turbinen hergeben können. Wir gingen sofort mit beiden Maschinen auf äußerste Kraft voraus.

Das Schiff duckt sich gewissermaßen zusammen, bebt in dem wilden Rhythmus seiner Turbinen, und man fühlt förmlich, wie es anspringt mit seinen sechsunddreißigtausend Pferdekräften.

In dem wilden Lärm des infernalischen Konzerts um uns herum hören wir doch den gewaltigen Atem unserer Maschinen, hören wir das dumpfe Poltern der Schrauben. Ein unerhörtes Leben entfaltet sich; die Ventilatoren rasen und tosen darauf los, um in die Heizräume die Luft zu pressen, die dann aus den Schornsteinen dröhnend entweicht.

Während das Deck rhythmisch zu schwingen beginnt unter den rasenden Umdrehungen der Turbinen, geht ein anschwellendes, aufsteigendes Brausen durch das ganze Schiff: Es ist wie eine ungeheure, begeisternde Tonleiter, ein Sturmgesang von all den Kräften, die sich jetzt entfalten und den Kreuzer in prachtvoller Fahrt durchs Wasser jagen.

Am Bug zischt das weggeschleuderte Wasser hoch.

Das Heck saugt sich ein, und hinter dem Schiff zieht sich wie ein kochender Streifen die Hecksee lang.

In drei Minuten waren wir von fünfzehn Seemeilen Marschfahrt auf siebenundzwanzig Seemeilen hochgegangen!

Ein dreifaches Hurra für unsere wackeren Heizer! So brausen wir mit einer Bombenfahrt durch den Nebel.

Es war aber auch die höchste Zeit. Die Kurzschüsse lagen oft so nahe, dass die Wassersäulen über das Schiff gingen und das Deck überschwemmten. Und doch kein einziger Treffer.

Dabei gaben wir noch eine hübsche lange Zeit ein recht gutes Ziel ab. Wir sprühten aus allen vier Schloten einen ununterbrochenen Funkenregen, der durch die rasende Fahrt glatt nach achtern abgeweht wurde und über dem Schiffe wie ein Feuerschleier lag, den wir hinter uns drein zogen. Wir müssen uns wie eine Art Meteor von dem allzu gefährlichen Schauplatz entfernt haben.

Allmählich wurde die Zahl der leuchtenden Granaten weniger, verstummte das Heulen und Pfeifen in der Luft. Trotzdem blieb die ganze Atmosphäre um uns von Geräuschen belebt. Wir fuhren mit einem Hexenreigen über uns dahin.

Durch die rasende Fahrt pfiff der Gegenwind in den Masten und Wanten, die Stage schlugen und sausten, die Geländer klirrten und die Brücke bebte: Unser Schiff sang jetzt sein eigenes Sturmlied.

Achteraus sahen wir zwar noch Zerstörer nachbrausen, die alles daran setzten, um uns einzuholen. Aber nach einigen Stunden kamen auch sie aus Sicht, und wir waren allein.

Während wir nun allmählich wieder auf unseren alten Kurs zurückgingen, verminderten wir die Fahrt und hatten endlich Zeit, das Erlebte so recht zu überdenken.

Wir machten uns klar, was wir den Maschinen verdankten!

Wir waren den Russen beinahe in eine richtige Falle gelaufen. Sie mussten unseren Kurs erraten haben, da wir während des vorhergehenden Tages mehrfach in der Krimküste in Sicht von Land gekommen waren. So waren sie mit ihrer ganzen Flotte ausgelaufen, um uns den Weg zum Bosporus zu verlegen. Als dann die Begegnung im Nebel stattfand, sahen die Zerstörer uns zuerst, da sie niedrig auf dem dunklen Wasser lagen, während wir gegen einen für sie günstigeren Himmel standen und daher eher auszumachen waren.

Um ein Haar wäre der Überfall geglückt.

Den russischen Linienschiffen hat ihre illuminierte Knallerei freilich wenig geholfen; denn sie feuerten zu wild drauflos und konnten sich bei dem unsicheren Schein der brennenden Geschosse und bei unserer Fahrt unmöglich regelrecht auf Ziel einschießen.

Dagegen lasen wir später in russischen Zeitungen von beträchtlichen russischen Verlusten im Nachgefecht am 6. Januar, ihrem Weihnachtstage. Die Russen haben sich anscheinend in der Aufregung, nun endlich die „Midilli“ gefasst zu haben, zum Teil wohl selbst beschossen.

Kameraden von mir haben zum Schluss auch noch langes Heulen mit der Sirene gehört. Vielleicht hat sich der russische Flottenchef da in eigener Person an die Sirenenstrippe gehängt, um seine wie wild auf den bösen Feind schießenden Schiffe wieder zur Ruhe zu bringen.

„Hamidieh“ war zu Beginn der Begegnung gleich abgedreht. Sie erkannte in unserem Scheinwerfer einen großen Kreuzer und zwei Zerstörer in nächster Nähe. Später glaubte sie, wir wären in Brand geschossen, so sprühten wir aus allen Schornsteinen den schönsten „Feuerzauber“.

Den zweiten Teil der Nacht liefen wir schon wieder mit gewöhnlicher Marschgeschwindigkeit; „Breslau“ konnte sich ein wenig verschnaufen.

Am anderen Morgen grüßen uns die grünen Berge der friedlichen anatolischen Küste. Wie ein Spuk kam uns die Begegnung in der Nacht vor. Nur unsere ausgeglühten Schornsteine erzählten, dass das Treffen Wirklichkeit war und Allah wieder einmal seinem guten Schiffchen geholfen hatte.

Bei schönstem Wetter liefen wir gegen Mittag in den Bosporus ein. Eigentlich war die russische Weihnachtsnacht schon wieder vergessen. Der blaue sonnige Bosporus ist ja auch viel zu schön, um an eine finstere Nebelnacht in russischer Gesellschaft zurückzudenken.

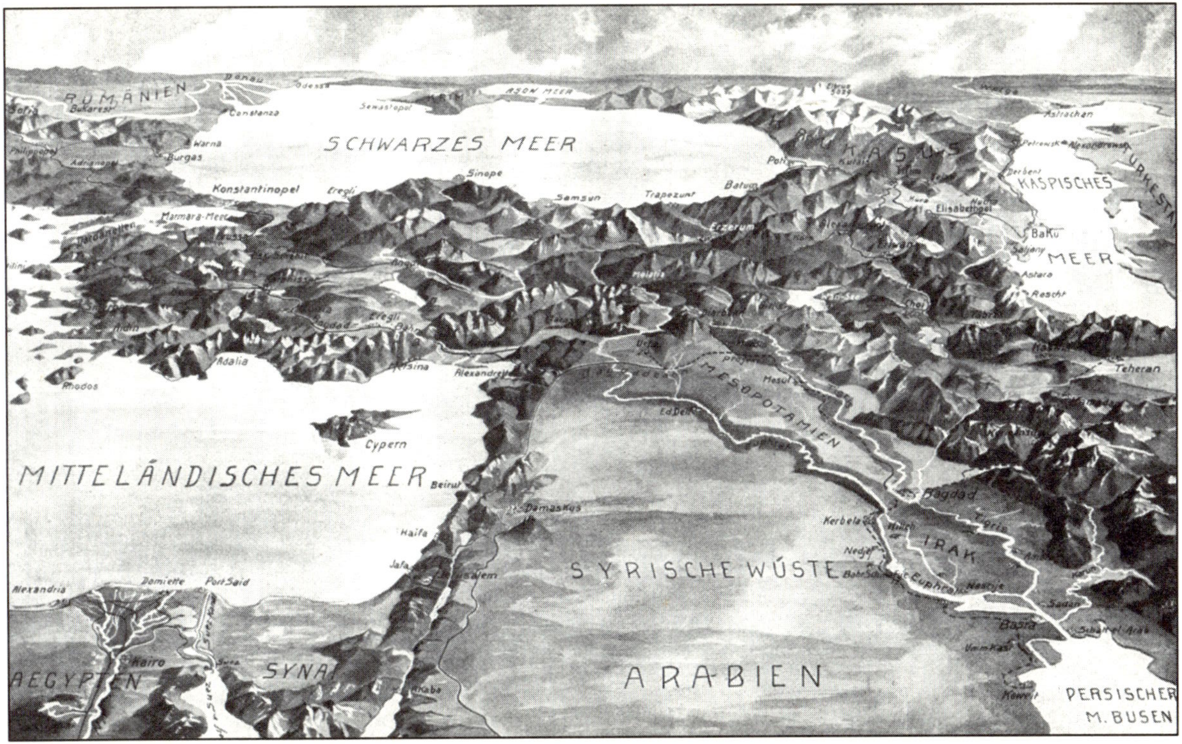

Die asiatische Türkei, das Mittelmeer und das Schwarze Meer

Russische Enttäuschungen

Es ist begreiflich, dass es der Ehrgeiz der „Breslau-Leute“ war, den Russen noch mehr solcher Enttäuschungen zu bereiten, wie die war, als sie uns schon ganz sicher in der Falle meinten und wir ihnen mit funkensprühenden und glühenden Schornsteinen davonzogen.

Unser Hauptaugenmerk war zunächst einmal auf Batum gerichtet, dessen Schiffsverkehr wir ein wenig stören wollten.

Darum sah uns der 26. Januar wieder vor Batum. Wir hatten dabei Glück, insofern als wir ein paar von den kleinen Friedensstörern, jenen russischen Zerstörern, trafen, von denen die türkischen Grenzstellungen östlich Trapezunt immer wieder beschossen wurden.

Leider aber hatten die Boote, nachdem wir ihnen ein paar Salven hinauf gesandt hatten, Zeit, sich in den Schutz der starken Haubitzenbatterien Batums zu verholen.

Wir hatten sie zunächst natürlich so weit verfolgt, als es die Reichweite dieser Batterien erlaubte. Aber so schön sich Batum auch vor dem Hintergrund des tief verschneiten Katschchal-Gebirges aufbaute: Zu einem Genuss des herrlichen Landschaftsbildes konnten wir doch nicht kommen.

Nachdem uns erst einmal die 24 Zentimeter-Brummer der Forts ordentlich um den Kopf geflogen waren, mussten wir die Verfolgung aufgeben. Das war am 26. Januar.

Am 27. Januar beim Morgengrauen trafen wir dann auf der Höhe des Sinope-Defilees die ganze russische Flotte; deutlich erkennbar tauchten die drei Gruppen von Rauchwolken auf, reinlich getrennt nach Schiffsklassen, und wuchsen langsam über die Kimm empor, wie auf einem Lichtbild.

Wir konstatierten mit Befriedigung, dass die Herren nicht voraus, im Westen, in Sicht kamen, sondern Backbord querab, so dass wir freien Seeraum hatten. Bei unserer Geschwindigkeit, von der die Russen schon einige Proben erhalten hatten, konnte uns der Weg zum Bosporus nicht abgeschnitten werden.

Fast gleichzeitig kam aber auch „Hamidieh" über den nördlichen Horizont herauf; sie lief keine siebenundzwanzig Seemeilen, und die Russen hielten sofort auf sie zu, um sie in Schussentfernung zu bekommen und vom Bosporus abzudrängen.

Nun fing ein tolles Jagen an; es war etwa acht Uhr morgens.

Mit mächtig aufquellenden Rauchwolken schoben sich zunächst die beiden größeren russischen Kreuzer ganz über den Horizont herauf und liefen der braven „Hamidieh" nach.

Wir versuchten zwar sofort, die Russen auf uns zu ziehen und von dem langsameren Kreuzer abzudrängen. „Breslau" hielt zunächst direkt auf die Russen zu, um sich zwischen sie und „Hamidieh" zu schieben und den bedrohten Kameraden durch unseren Rauchschleier zu verdecken.

Es half aber nicht viel. Die Russen, die genau wussten, dass sie uns nicht bekommen konnten, gingen hinter unserem Heck vorbei und hielten mit einer unangenehmen Zielbewusstheit auf „Hamidieh" zu; alles zunächst noch in einer Entfernung von hundertsechzig bis hundertundachtzig Hektometern, in der die 15 Zentimeter der beiden „Kaguls" noch nicht wirken konnten.

Darüber vergingen die ersten Stunden des Vormittags. „Hamidieh" hatte vorläufig noch etwa eine halbe Meile Fahrtüberschuss und lief, was sie konnte, nach Westen.

Wir konnten leider nicht viel helfen; „Hamidieh" stand etwa sechzig bis achtzig Hektometer seitlich von uns.

Wir versuchten natürlich, ohne selbst in die sichere Schussentfernung der Russen zu kommen, doch immer wieder so zu manövrieren, dass der gejagte Kreuzer nach Möglichkeit geschützt war; allerdings ohne ersichtlichen Erfolg; wir mussten uns vorläufig mit der Rolle eines Zuschauers bei diesem gefährlichen und ungleichen Rennen begnügen.

Es war ein wilder Wettlauf.

In schweigender Erregung blickten wir über die weite, kaum bewegte See, von deren Horizont die Rauchwolken der beiden russischen Kreuzer nicht weichen wollten, während „Hamidieh“ keinen Vorsprung gewinnen konnte.

Natürlich wurde auf dem kleinen türkischen Kreuzer alles getan, um die hohe Fahrt zu halten und außer Schussweite der Russen zu bleiben. Aus seinen drei Schloten quoll schwarzer Qualm, gelegentlich vermischt mit tüchtigem Funkenregen. Sie mussten drüben in die Feuerungen gepackt haben, was sie nur konnten. Korvettenkapitän Freiherr von Kottwitz, der Kommandant der „Hamidieh“, könnte von den Anstrengungen dieses Wettlaufs wohl einiges erzählen.

Aber auch die Russen taten, was sie konnten. Im Glas konnte man deutlich die Schaumwelle sehen, die sie vor sich her schoben. Drohend waren auf dem Vorschiff die 15 Zentimeter-Geschütze emporgereckt.

Langsam, aber sicher holten die Kreuzer auf. So ging der Vormittag hin. Die niedrige Januarsonne hatte ihren Höhepunkt überschritten und zog sich langsam nach Westen hinüber.

Ohne helfen zu können, brausten wir dahin, als Schrittmacher bei diesem Wettlauf um Tod und Leben.

Immer näher kamen die feindlichen Kreuzer der „Hamidieh“.

In den ersten Nachmittagsstunden waren sie schon teilweise auf Schussentfernung herangekommen. Wir waren auf alles gefasst – und bereit zu allem.

Da drehten die Russen plötzlich ab – und kehrten um; es war ungefähr nachmittags drei Uhr.

Hatten sie etwa Nachricht bekommen, dass die „Goeben“ ausgelaufen sei, um dem bedrängten Kreuzer beizustehen? Warum ließen sie das so lange und hartnäckig erstrebte Ziel plötzlich fallen, während ihnen der sichere Erfolg schon zu winken schien?

Die lange Jagd mit der prächtigen Kohlenverschwendung war umsonst gewesen; enttäuscht zogen sie ab nach Norden.

Das war wohl der geeignete Augenblick für unser Kaiserhoch am heutigen Tage. Angesichts des abziehenden Feindes brachte es unser Kommandant auf der Brücke aus, und donnernd klangen unsere Hurras über das Meer, hinüber zu den Russen.

Die zogen sich zurück und warteten auf eine andere, bessere Gelegenheit, es aufs Neue mit uns zu versuchen.

***

Wir blieben diesmal nicht lange im Bosporus. Auf unsere Batum-Fahrten folgten Unternehmungen gegen den russischen Handelsverkehr Odessa-Sewastopol.

Schön, dachten die Russen, seid ihr da oben in der Ecke, dann wird es uns ja leicht sein, euch abzufangen. Wir legen uns einfach vor den Bosporus hin und warten, bis ihr zurückkommt. Einmal müsst ihr ja doch wieder in das Mauseloch hinein, und dann wollen wir euch schon fassen!

Ja, diesmal hätte es ihnen vielleicht gelingen können, wenn nicht das neblige Märzwetter einen Strich durch die feindliche Rechnung gemacht hätte.

Wir hatten unseren Auftrag vollendet und kamen zurück. Natürlich war uns bekannt, dass die Russen vor dem Bosporus standen. Nun galt es, ungesehen hineinkommen.

Das spärliche Licht eines trüben Märztages ging zu Ende, als wir uns der gefährlichen Gegend näherten. Vorsichtig schlichen wir vorwärts. Wir gehen, so weit wir können, an die Küste heran. Da entwickelt sich aus der nebligen Luft ein richtiges Schneetreiben.

Das war uns gerade recht. Das Wetter wurde so dick und unsichtig, dass wir von der nahen Küste nur noch den weißen Streifen der Brandung ausmachen konnten. Allmählich gingen wir nun mit den Maschinen auf die höchste Fahrtstufe und brausten wagemutig darauf los.

Wir konnten in der trüben, von den weißen Flocken durchschwirrten Luft selber nicht viel sehen und mussten gefasst sein, jeden Augenblick auf nächste Entfernung aus dem Schneegestöber die schwarzen Schiffe der Russen unentrinnbar auftauchen zu sehen.

Wir riskierten es aber und brausten wie der Satan in das dichte Schneetreiben hinein.

Und tatsächlich sahen wir kein einziges feindliches Schiff; ungesehen und unbeschossen fuhren wir in den Bosporus ein. Die Russen aber hatten wiedereinmal das Nachsehen; „Breslau-Midilli“ war ihnen wieder entschlüpft.

Freilich, Glück gehört dazu, aber Glück hat nun einmal unsere „Breslau“ – so viel Glück, dass wir alten „Breslau-Leute“ damit wie mit einem festen Faktor rechneten.

Mitte März liefen wir dann wieder aus, mit zwei Torpedobooten zu einer Offensivunternehmung gegen die Krimküste.

Nach zwei Tagen standen wir vor Hellwerden vor der Krim und fühlten uns an Feodosia heran. Dort in der stillen Bucht müssen die russische Torpedoboots-Werkstätte und der Schießstand liegen!

Jetzt kommen wir um die Huk, und richtig sehen wir die langen Fabrikgebäude der Werkstätten und die Schießstände vor uns.

Langsam gehen wir näher, legen uns quer zu den Werkstätten und segnen ihnen mit unseren Geschützen den jungen Tag. Luftig knallt und kracht es bei uns an Bord, und drüben an Land schlagen Flammen auf, explodiert es und stürzen Schuppen zusammen.

So – euch haben wir einmal die Torpedofabrikation fürs erste gehörig erschwert!

Dann laufen wir nach Süden, scharf Ausguck haltend – denn Sewastopol wird uns sicher seine Rächer auf den Hals schicken.

Gegen Mittag wird es dick. „Na ja, wie gewöhnlich, denken die alten Breslauer, nun werden die Russen bald da sein!“

Und richtig – plötzlich Steuerbord achteraus drei große Wassersäulen! Herrgott, da schießt ja einer!

Endlich werden, aus einer dicken Regenwolke kommend, die beiden „Kaguls“ entdeckt. Sie hatten uns, da wir gegen klareren Himmel standen, längst gesehen und dampften nun beide sehr erfreut mit höchster Fahrt auf uns zu.

Aber, vertaxiert, ihr lieben Russen! Noch könnt ihr uns mit eurer ja leider weit überlegenen Artillerie nicht erreichen – und so weit kommt es nicht, dafür halten unsere Heizer viel zu gut „Umdrehungen“.

S.M.S. Breslau im Bosporus

So geht der Nachmittag wieder in russischer Gesellschaft hin, und erst gegen Abend laufen wir unseren Begleitern aus Sicht. Aber nicht dem Bosporus zu, sondern hinauf zur rumänischen Küste, um etwaigen russischen Handelsschiffsverkehr zu stören!

Na schön, denken „Kagul" und „Pamjatj-Merkurija", dann holen wir unsere ganze Armada und lauern euch wieder vor dem Bosporus auf!

Am nächsten Morgen müssen wir in den Bosporus hinein. So, „Midilli", nun heißt es wieder Glück haben!

Da kommt im Morgengrauen vor dem Bosporus BB querab ein russisches U-Boot in Sicht und dahinter, auf uns zubrausend, die beiden Kreuzer.

Und dort ist ja auch die ganze russische Linie! Alle Achtung, die Herrschaften haben diesmal aufgepasst!

Immerhin, „Midilli", du hast noch Glück! Hättest du mehr östlich gestanden – so hättest du die Russen gerade vor der Nase in Sicht bekommen –hättest zurück gemusst – und Kohlen „jok"!

So aber laufen die Russen neben uns her und begnügen sich damit, uns ein paar Granaten nachzuschicken. Sie bleiben jedoch seitlich von uns.

Wir können also nicht mehr nach Osten ausweichen, was wir doch gerne täten, denn die Gegend vor uns scheint uns nicht ganz geheuer. Wir müssen aber Kurs durchhalten, wenn wir nicht in die Reichweite der russischen Geschütze laufen wollen.

Die Fahrt geht weiter, über ein grau blinkendes Wasser, dessen Oberfläche wie in tückischer Ruhe vor uns liegt.

Jeder bei uns wusste, jetzt wird die Sache unheimlich, wir fahren gewissermaßen mit angehaltenem Atem. Da bleiben die Russen auf einmal sichtlich zurück. Sie stoppen, sie scheinen auf etwas zu warten.

Uns war es klar; vor uns lag das russische Minenfeld, das die Herren kannten – jetzt sehen sie wohl nach der „Breslau" herüber, harren auf den Augenblick, wo wir hochfliegen.

Es war doch eine verdammte Situation. Aber es blieb uns keine Wahl. Wir mussten einfach durch – ohne Minensuchdivision durch ein Minengebiet.

Wir riskieren es und brausen los, mit großer Fahrt und fröhlichem Gottvertrauen.

So harmlos lag die See an diesem Morgen vor uns, eine leicht bewegte, spielende Wasserfläche, in die der Kreuzer schäumend hinein schnitt.

Wir stehen auf der Brücke und blicken voraus auf die kleinen blinkenden Wellen. Unwillkürlich schweift der Blick zurück auf das Schiff und gleitet über seinen schlanken, stolzen Bau, über die Aufbauten, die Reihe der ausgebrannten Schlote, die ragenden Masten.

Das rast dahin und braust und klirrt und ist voll Leben. Was kann der nächste Augenblick bringen?

Unwillkürlich standen wir alle da wie in lauernder Erwartung, sozusagen mit wippenden Knien. Alte Erfahrung gebietet es so, weil man sich beim Minenstoß gar so leicht die Beine bricht. Wann werden wir hochfliegen?

Aber es gelingt – es geht alles klar.

Kein Stoß, keine Wassersäule; wir laufen mit brausender Fahrt weiter, und bald sind wir auf einem Gebiet, wo keine russischen Minen mehr liegen können. Die kleinen Wellen blinken noch immer und das Wasser ist glatt und harmlos wie zuvor.

„Breslau" läuft ein und geht im Goldenen Horn ins Dock.

Das Schiff muss wieder überholt werden. Fast zu lange war es ununterbrochen unterwegs. Der Schiffsboden ist dick mit Muscheln bewachsen und muss abgekratzt und neugestrichen werden.

Feine Sache, denken „Hein" und „Korl"!

Der Erste Offizier mit dem Bootsmann verteilt die seemännischen Divisionen zur Arbeit; alle, bis zum letzten „Funktionär", müssen Hand anlegen, um das Schiff so bald wie möglich wieder gefechtsklar zu machen. Einen „Paalstek"* um den Leib sitzen die Matrosen von morgens bis abends außenbords auf den Stellings und reinigen das Schiff von dem Bewachs.

---

* Tauschlinge mit Knoten

Am nächsten Tage sind sie fertig. So, denkt „Hein“, nun laufen wir mindestens eine Seemeile mehr! Nun kann’s uns nicht mehr schlecht gehen!

Dann werden Schiffsboden und -körper frisch gestrichen, und in neuem Kleid, strahlend kann die „Breslau“ wieder das Dock verlassen.

Wir gehen an unsere alte Liegeboje im Goldenen Horn und freuen uns so recht des freien Tages.

Am nächsten Morgen kommen schon wieder die Mahonen voller Kohlen längsseit. Im eifrigen Wettbewerb wird von den beiden seemännischen Divisionen den ganzen Tag gekohlt. Am Abend liegt das Schiff wieder tief im Wasser, alle Bunker sind voll; sogar auf den Mitteldecks liegen zwei schwarze Kohlenhaufen zum großen Ärger des Bootsmannes.

Wie soll er denn mit diesem schwarzen Zeug an Deck das Schiff sauber halten!

Ja, so hat jeder seinen Kummer!

Noch spätabends meldet der Kommandant dem Admiral das Schiff wieder fahrt- und gefechtsbereit. Nun wissen wir alle, dass wir mit langen Hafentagen nicht zu rechnen brauchen. Jedes Routineboot kann den Befehl für eine neue Unternehmung an Bord bringen.

Den Offizieren wird nur für kurze Zeit Urlaub gewährt. Ein Rendezvousplatz wird verabredet, wo die Anlandgänger sich erkundigen, ob plötzlicher Befehl für das Schiff gekommen ist.

Aber diesmal scheint der Befehl auf sich warten lassen zu wollen.

„Seid nur nicht ungeduldig, übermorgen ist ja Ostern, und dann sind wir sicher wieder draußen!“ sagt ein Kamerad mit humorvollem Lachen.

Und der kluge Prophet hatte Recht. Am anderen Morgen schon kam der Befehl des Admirals für eine neue Unternehmung.

Blick auf Goldene Horn mit den beiden Schiffen „Breslau" und „Goeben"

Osterfahrt

Ostern 1915! Was für feierlich schöne Ostertage verlebten wir vor einem Jahr!

Die „Breslau“ lag mit der „Goeben“ als Begleitschiff für Seine Majestät vor Korfu. Von der „Hohenzollern“ wehte stolz die Kaiserstandarte.

An Land nur festlich gekleidete Menschen, Militär in Parade-Uniform, hohe Geistlichkeit in prunkvoller Amtstracht. In langem Zug zog die Prozession zu Ehren des heiligen Spiridion durch die Straßen über den Schlossplatz am Königsschloss vorbei. Oben auf dem Balkon standen der Kaiser und die Kaiserin und der König und die Königin von Griechenland.

Und dazu ein Eden von Natur, ein Blühen, eine Blütenpracht, wohin das Auge sah, und ein sonnigschönes Wetter aus strahlend blauem Himmel.

Ostern 1915! Ein grauer Himmel über grauem, bewegtem Meer – vor uns die „Goeben“, wir eifrig im Kielwasser hinterher schlingernd. Kurs Nord, nach Sewastopol!

Und doch war Ostern 1915 mindestens ebenso schön und sicher eindrucksvoller und unvergesslicher als Ostern 1914.

Im Morgengrauen stehen wir wieder vor der Krimküste.

Kaum ist’s hell, so sind auch unsere Freunde, die Russen, in Sicht! Voraus die beiden Kreuzer und drei Zerstörer – aha, der vierte liegt ja, von der „Hamidieh“ versenkt, auf dem Grund des Meeres – und dahinter in langer Linie das Linienschiffsgeschwader.

Sehnsucht kommt einem bei seinem Anblick an, Sehnsucht nach einem eigenen, einigermaßen gleichwertigen Geschwader hier im

Schwarzen Meer – um der russischen Flotte endlich einmal beizukommen!

Die Russen dampfen mit ihrer ganzen Flotte in höchster Fahrt auf uns zu.

„Achteraus zwei Rauchwolken!“ meldet der Ausguck von der Backbord-Brückennock.

Was? Da auch noch Russen, dann wären wir ja mitten drin!

„Goeben“ dreht, wir folgen, und mit hoher Fahrt geht's auf die beiden zuletzt gemeldeten Schiffe los.

Jetzt kommen deren Masten über den Horizont heraus; jetzt die Schornsteine – nein, halt, nur ein Schornstein – das sind ja Dampfer, das ist famos!

„Goeben“ hält auf den einen, wir auf den anderen Dampfer zu. Es sind beides Russen.

Signal geht bei uns hoch: „Stoppen Sie, oder ich schieße.“

Unser Dampfer stoppt, wir werfen einen Kutter zu Wasser und nehmen die Besatzung in aller Eile an Bord.

Dann ein paar Granaten in die Wasserlinie; der Dampfer legt sich über und geht mit der Nase zuerst unter. Es war der Dampfer „Providence“, voll mit Zucker beladen, auf dem Wege nach Kertsch.

Drüben auf der „Goeben“ blitzt es auf; auch ihr Dampfer wird versenkt. Nun ist die Flotte ist schon beinahe auf Schussweite herangekommen.

In der Luft tummeln sich russische Flieger, die aber nicht zum Angriff herankommen. Vielleicht haben sie sich nur das Versenken der beiden schönen Dampfer mit ansehen wollen.

Leider können wir es nicht auf ein Gefecht mit der russischen Flotte ankommen lassen.

Für den Augenblick gibt es Wichtigeres zu tun. „Hamidieh“ war mit „Medjidieh“ und zwei Zerstörern an der Küste der Dnjestr-Mündung gewesen, um dort ein wenig nach dem Rechten zu sehen. Dabei war „Medjidieh“ vor Odessa auf eine Mine gelaufen und musste verlassen werden.

„Hamidieh“ und die beiden Zerstörer hatten die gerettete „Medjidieh“-Besatzung an Bord; ihren Heimmarsch galt es nun zu schützen. „Goeben“ dreht deshalb auf Südkurs, um die Heimfahrt der stark überbemannten Schiffe zu decken.

Wir haben Befehl, die Russen auf uns zu ziehen und nach Osten abzulenken. Vor allem gilt es zu verhindern, dass die leichten russischen Streitkräfte Fühlung mit unseren heimkehrenden Schiffen bekommen.

„Breslau“ torpediert einen Dampfer

Wir bummeln deshalb scheinbar ganz harmlos ein wenig nach Südosten hinüber, als wäre gar kein russisches Geschwader im Anfahren. Wir scheinen gar nichts zu merken, schläft man auf der „Breslau"?

Da kommen die drei russischen Zerstörer immer näher, deutlich sieht man die hohe Back über der weißen Schaumwelle. Haben sie wirklich Hoffnung?

Nun wird es uns schließlich zu bunt. O nein, auf „Breslau" schläft man nicht! Wir drehen etwas auf und nehmen die Boote unter Feuer.

Da – zwei, drei Aufschläge – deckend! Die Schüsse liegen famos!

Jetzt aber heraus mit den Salven! Eine Zeitlang kracht und flammt es nur so an unserer Bordwand entlang.

Die Zerstörer erwidern mit ihren neun 10,5 Zentimeter-Geschützen. Auch die beiden Kreuzer sind herangekommen und greifen in die Schießerei mit ein. Es pfeift und surrt recht ordentlich durch die Luft.

Wir müssen leider wieder weg, und die Russen lassen sich wieder sacken.

Unsere Aufgabe ist noch nicht beendet, wir dürfen uns durch die Begier auf ein Gefecht nicht von unserem eigentlichen Zweck ablenken lassen.

Das Spiel beginnt von neuem. Immer mehr drängen wir nach Backbord hinüber – immer größer wird die Entfernung zur „Goeben" und „Hamidieh" und den Torpedobooten im Westen. Wirklich gehen die Russen auf unsere Absicht ein – und folgen uns nach Osten zu, wo wir sie haben wollen.

So locken wir sie eine geraume Zeit hinter uns her. Da kommen wir ihnen gegen Mittag doch zu nahe. In der ganzen russischen Schlachtlinie blitzt es auf. Zack. Jetzt haben wir die deckende 30,5 Zentimeter-Salve um uns.

Aber ihr Glück bleibt der „Breslau“ hold; wir haben keinen Treffer, nur die Wassersäulen und Sprengstücke sausen an Deck. Und kein Mann getroffen! Wie ein behendes Wild laufen wir mit höchster Fahrt nach Zickzackkursen aus dem Feuerbereich der Linienschiffe. Deren Salven werden bald kurz – der russische Admiral lässt das zwecklose Feuer einstellen.

Wieder mal die Gelegenheit verpasst, die „Midilli“ zu fangen, denkt er wohl. Und seine Artillerieoffiziere haben doch so famos geschossen!

Der Russe gibt es auf und macht mit seinem Gros kehrt. Nur die Kreuzer und die drei Zerstörer sollen es noch einmal versuchen.

Auf große Entfernung folgen sie uns. Um sechs Uhr abends kommen sie näher, um uns bei eintretender Dunkelheit nicht zu verlieren.

Wir aber wissen schon, was wir tun wollen. Bis zum Mondaufgang gegen elf Uhr müssen wir uns die Zerstörer vom Leibe halten, dann wollen wir umdrehen und sie angreifen.

Aber auch die Russen rechnen mit dem Mondaufgang und wissen, dass dann ihre Hoffnungen vorbei sind; sie müssen also bis dahin ihre Zeit nützen.

Es wird sehr dunkel. Kein Stern am Himmel, ein dicker Wolkenschleier deckt alles zu. Wir gehen mit großer Fahrt in die Finsternis hinein, schwarz ist die See ringsum, nur unser Heckwasser schäumt phosphoreszierend auf.

Alles an Bord ist gespannt; wir wissen, dass wir mächtig scharf aufpassen müssen. Da melden gegen acht Uhr die achteren Ausguckposten, die drei Zerstörer wären jetzt Backbord achteraus in Sicht.

Wirklich, dort sind sie! Eigentlich sind nur ihre drei weißen, hell leuchtenden Heckseen durch das Glas schwach zu erkennen. Ein gespenstisch-eindringliches Bild!

Von den niedrigen Booten, ohne die geringste Rauchfahne, ist fast nichts zu sehen.

Jetzt gehen die Boote nach Steuerbord herum. Wir halten Kurs durch, um nicht zu verraten, dass wir sie entdeckt haben. An alle Geschütze wird die Entfernung gegeben, alles ist bereit, um den Angriff abzuwehren. Wir machen der „Goeben“ Morsesignal, dass die Boote in nächster Nähe sind.

So geht es noch ein paar Minuten allergrößter Spannung weiter.

Was mögen die Russen auf den Zerstörern wohl für stolze Hoffnung haben! Dunkelste Nacht, und „Goeben“ und „Breslau“ haben uns sicher noch nicht entdeckt, gleich sind wir in Schusspeilung.

Jetzt schlägt die große Stunde der russischen Schwarzmeer-Flotte.

Wir aber halten unsere drei Trabanten scharf im Glas.

Nun sind die Zerstörer querab. So jetzt ist's Zeit!

„Alarm! Scheinwerfer hundert Grad leuchten!“ „Salve!“ „Feuer!“

Da – deckend – und nun heraus mit der Munition! Zack, drei Treffer auf den ersten Zerstörer! Der hat genug! „Zielwechsel rechts“, auf den nächsten!

Wie Schemen laufen die drei niedrigen Boote in dem grellen Scheinwerferkegel draußen vor der Finsternis neben uns her; der kalkweiße runde Fleck, in dem unser Glas sie zitternd zeigt, wird nur zerrissen durch die plötzlichen emporgeschleuderten Fontänen unserer Granateinschläge.

Wo der Scheinwerferstrahl vor den Booten die See streift, schießen die Wellen, jäh beleuchtet, in unwirklicher Eile vorbei, wieder in die Dunkelheit zurück.

„Torpedolaufbahn an Steuerbord!“ schreit da ein Signalgast.

„Hart Backbord!“

Der Rudergänger greift so ins Rad, dass der Kreuzer bei der rasenden Fahrt fast augenblicklich hart nach Steuerbord überkrängt.

Die Scheinwerferkegel fallen steiler auf das dunkle, flutende Wasser neben uns und in ihrem Schein sehen wir drei fahl aufleuchtende Blasenbahnen hart neben unserer Steuerbordseite längs gehen. Es war die höchste Zeit.

Den drei Torpedos waren wir gerade noch ausgewichen; der Kreuzer hatte aber auch auf dem Fleck weggedreht wie eine Rennyacht.

In zehn Sekunden waren wir auf dem neuen Kurs.

Die Seitenrichtnummern an den Geschützen waren im Nachkurbeln der Rohre kaum mitgekommen.

Geschmeidig richtet sich „Breslau“ wieder auf, die Masten und Schornsteine rücken wieder in die senkrechte Lage empor. Einen Augenblick lang denke ich an die enorme Belastung, die das Ruder in der Drehung bei dieser Bombenfahrt auszuhalten hatte.

Der Angriff wäre glücklich abgeschlagen.

Der erste Zerstörer hat sicherlich genug und wird wohl schwerlich bei der aufkommenden See nach Hause gekommen sein. Die anderen zwei haben anscheinend abgedreht; es hat sie nicht nach dem Schicksal ihres Kameraden gelüstet.

Um elf Uhr wird es heller – von den Zerstörern und Kreuzern ist nichts mehr zu sehen.

Am anderen Nachmittag liegen wir mit der „Goeben“ im Bosporus.

Winkspruch an „Breslau“:

„Ich bin mit Ihrer Aufmerksamkeit und Ausguck sehr zufrieden. Admiral.“

Alles strahlt! Ja, aufpassen ist das halbe, wenn nicht das ganze Leben!

Hektisches Treiben herrscht auf der „Breslau" während eines Gefechtes mit einem russischen Zerstörer

Hafentage

Keiner ist stolzer als ein „Breslau-Matrose“, keiner ist froher und zufriedener!

Wer führt den Krieg im Schwarzen Meer, wer fährt zur See? Es ist die „Midilli“!

So reden und lachen unsere Leute an Land, und ihre Kameraden von den Landforts schweigen und beneiden die „Breslau-Leute“.

Gestern ist die „Midilli“ wieder in den Hafen eingelaufen. Langsam fuhr der Kreuzer an die Küste heran, mit geschwärzten und ausgeglühten Schornsteinen und verrußten Decks, die von einer langen, harten Fahrt erzählten. Draußen war es rau und kalt gewesen, durch Regen und Schneeböen hatten wir uns durchgekämpft, mit erstarrten, durchgefrorenen Gliedern und klammen Händen, während das eisigkalte Spritzwasser wie mit Nadeln nach uns stach.

Und nun: Sonne lag auf den beruhigten Atemzügen des weites Meeres, von dem duftigen Blau der glitzernden Ferne bis zum tiefen, schäumenden Purpur an den Seiten des Schiffes; Sonne strahlte über die grünen Gestade der Küste, während wir uns der Einfahrt nähern.

Die Leute sitzen auf den Aufbauten und sehen froh nach den schönen Ufern hinüber.

Die Landzungen der Einfahrt öffnen sich und geben die Wasserstraße des Bosporus frei. Die Ufer sind hügelig und anmutig; zypressenbestanden, von Parks und Schlössern bedeckt, breiten sich die sanften Abhänge hin. Auf den Hügeln stehen alte Forts, und über den höchsten Kuppen erheben sich noch alte, rostbraune Gemäuer.

Still flutet die Strömung in den Bosporus hinein; das Wasser ist in der Nähe von tiefem Stahlblau.

Allmählich verschieben sich kulissenartig die begrünten Uferhänge, verengen sich, treten zurück und weiten sich wieder; langsam gleiten wir die Wasserstraße hinab.

Hier ist es warm und sonnig, hier ist strahlender Frühling. Während draußen noch eine graue, schäumende See tobte und eisige Winde wehten, blühen hier die Mandel- und Pfirsichbäume; ganze Uferhänge sind wie überdeckt von dem rostigen Hauch.

Jetzt kommen wir an den Bosporus-Forts vorbei. Die Besatzungen sind angetreten – und Hurras auf das wackere Schiff schallen herüber.

Da kommt ein Hafendampfer in unsere Nähe, alles winkt, die Türken klatschen in die Hände, und selbst die Türkinnen hinten im Harem – alle sind begeisterte Freundinnen der jungen türkischen Marine – winken ihrem Lieblingsschiff, der „Midilli", zu.

Vorn auf der Back des Hafendampfers steht ein alter, ehrwürdiger Hodscha mit weißem Bart. Er hebt die Hände zum Himmel – dankt Allah, dass er die „Midilli" wieder vor Bösem bewahrte und sie in die Arme des Bosporus, in das sonnige, glückliche Stambul hat einlaufen lassen.

So gleitet die „Breslau" durch den Bosporus dem Goldenen Horn zu, freudig begrüßt von allen. Es ist eine Lust an Bord zu sein! Stolz über die letzte gelungene Fahrt, freut sich ein jeder auf die kommenden Hafentage.

Der Marmorpalast von Dolmabagtsche am Bosporus, die Sommerresidenz des türkischen Sultans

„Breslau" bei der Kohlenübernahme

Lachend grüßt der Blick die Paläste Konstantinopels, erfreut sich an der weißen Pracht des Sultanschlosses Dolmabagtsche, gleitet weiter zu den Höhen von Nischantasch hinauf und über das Minarett leuchtende Stambul hin.

Herrgott, was sollen die paar kommenden Hafentage schön werden; bis das Herz wieder neue Unruhe fasst und es sich nach neuen Fahrten sehnt!

Es lebe die Seefahrt, mit ihrem ewigen Wechsel, ihren Härten und ihren Entbehrungen, aber auch mit ihren großen Freuden und all dem machtvoll Packenden!

Vor der Neuen Brücke stoppt die „Breslau". Die Brückenteile öffnen sich, der flutende Verkehrsstrom staut sich auf beiden Seiten.

Ein jeder will die „Breslau" sehen! Hat sie Treffer, ist sie unbeschädigt? Allah sei gelobt, sie ist unversehrt!

Das Schiff gleitet ins Goldene Horn hinein und geht an seine Boje.

Heute wird nichts mehr an Bord getan, Ruhe für die Mannschaft ist der strenge Befehl des Kommandanten.

Morgen in aller Frühe kommen die Kohlenprähme längsseit. Morgen wird gekohlt, um das Schiff wieder fahrtbereit zu machen. Übermorgen ist dann Reinschiff, und am dritten Tag kann erst der wohlverdiente Urlaub erteilt werden.

Die Sonne geht hinter den Minaretten von Stambul unter. Scharf und klar heben sich die Umrisse der Moscheen gegen den Farben glühenden Abendhimmel ab. Es ist Flaggenparade. Auf den türkischen Schiffen treten die Mannschaften an und durch tausendstimmiges „Padischahim tschock jaschah!" („Lang lebe der Padischah!") huldigen sie ihrem Herrscher.

***

Das Kohlen ist vorbei, der Urlaubstag ist gekommen. Die Kaikdjis wissen das ganz genau. Fächerförmig drängen sich die Boote in den Mittagsstunden um die Fallreeps.

Wir wollen an Land gehen. Wir winken Achmed zu, das ist unser Leibkaikdji. Er ist Tscherkesse; sein Vater ist in irgendeinem Türkenkrieg gefallen, seine Mutter wohnt in Ejub, am Ende des Goldenen Horns. Er liegt den ganzen Tag in seinem „Sandal" auf dem Wasser und unterhält dadurch sich und seine alte Mutter. Er ist ein kleiner, sehniger Bengel, mit strahlenden, blauen Augen, stets lustig und übermütig.

Wir lassen uns hinüber nach Stambul setzen. Heute soll große Teppichrazzia gehalten werden! Zuerst geht's zu Kaffaroff. Er hat ein paar prächtige Herat und ein „Gedicht" von einem Dschaudjegan. Ein Buchara, den er uns immer wieder zeigen will, wird abgelehnt.

Konstantinopel – das heutige Istanbul – mit Blickufdnnnnnnnosporus

Markt bei der Walide-Moschee in Istanbul

Wir lieben keine harten Muster; ein Teppich soll ein Blumenbeet sein. Da hilft auch alles Anpreisen nichts, und wenn das angepriesene Stück noch so fein geknüpft ist, „wie ein Taschentuch".

Schließlich kommen wir mit unserer Wahl auf den Dschaudjegan ab. Jetzt setzt die Diplomatie ein, das Handeln um den endgültigen Preis fängt an. Das Handeln gehört zum Teppichkauf wie die Liebe zum Leben. Es gibt eine heiße Schlacht, und zum Schluss wird doch noch keine Einigung erzielt.

Wir gehen und werden später wiederkommen. Oben im Basar empfängt uns Spickbock. Er überfällt uns mit einem ungeheuren Redeschwall und preist die Schönheit und Farbenpracht seiner Teppiche in den Himmel.

Dabei hat der Kunde fast nur moderne, grellfarbige Ware! In seiner kleinen Teppichhöhle springt er auf seinen Lieblingen umher, redet wie ein Wasserfall, versichert auf Ehrenwort, dass ein funkelnagelneuer Teppich der Carpet Manufactury in Smyrna ein hundert Jahre altes Stück sei, eine „occasion", und zeigt dabei, dass er von seinen Teppichen keine Ahnung hat. Er ist der echte Levantiner und der größte Gauner.

Weiter wandern wir, durch alte stille türkische Stadtteile Stambuls nach dem Top-Kapu und dann draußen an der Stadtmauer entlang, dem alten Jedi-Kule, dem Schloss der Sieben Türme, zu.

Ein türkischer Invalide führt uns dort in der dick gemauerten Burg umher. Mit besonderer Freundlichkeit zeigt er uns das Verlies, in dem die europäischen Gesandten gefangen gehalten wurden, führt uns den schrägen Kanal entlang, durch den ihre abgeschlagenen Köpfe dann ins Marmarameer rollten.

Er freut sich auch, als wir ihm sagen, dass wir „Sabit" von der „Midilli" seien.

Türkische Händler in einem Stadtviertel von Istanbul

Dann reibt er beide Zeigefinger aneinander und sagt: „Alleman turk birarder“, „Deutsche und Türken sind Brüder und gehen zusammen“. Wir nicken ihm zu, reichen ihm die Hand und geben ihm zur Bekräftigung der Freundschaft einen reichlichen Backschisch.

Zum Sonnenuntergang sind wir in der Hagia Sophia. Es ist Gebetstunde, die Besuchszeit für Christen ist vorbei. Wir treten durch eine Hinterpforte hinein, ziehen uns das Schuhzeug aus und gehen durch teppichbelegte Vorhallen dem Kuppelbau zu.

Es ist ein mächtiges, packendes Bild. Der Abendhimmel flammt noch durch die riesigen bunten Fenster, den gewaltigen Kuppelbau füllt schon der Schatten der kommenden Nacht. Die unzähligen Öllampen der von der Kuppel herunterhängenden Kronleuchter sind angezündet und leuchten wie Sterne in der Finsternis des Kuppelhimmels.

Leise kommen die Türken herein, die Schuhe in der Hand, und verrichten ihre Gebetsübung. Dann setzt die Stimme des Hodschas ein; laut betet er vor und lobt Allah den Herrn, den einzigen Gott.

***

Abends sitzen wir vergnügt in der Messe zusammen. Wie ein Traum kommt es uns vor, dass wir in der letzten Woche im Schwarzen Meer schlingerten und uns mit den Russen jagten.

Glücklich ist die „Midilli“! In ruhigen Hafentagen schöpft sie neue Kraft zu neuen Fahrten. Mag der Krieg noch Monate dauern, in der Märchenstadt Stambul wird die Besatzung stets neu gestärkt werden und frisch wie am ersten Kriegstag ins Schwarze Meer hinausgehen.

***

Es ist inzwischen Hochsommer geworden. Ein weißlich flammender, schonungsloser Himmel spannt sich über den Bosporus und lässt die erhitzte Luft vor dem geblendeten Auge flimmern.

In der stillen Stenia-Bucht kein Luftzug! Wie ist das möglich? heißt es. Der Bosporus, die Sommerfrische Konstantinopels, ist doch kühl und luftig, und immer weht dort ein frischer Wind vom Schwarzen Meer! Ja, der streicht nur leider an der engen Bucht vorbei und hütet sich, in den Bergkessel hineinzuwehen.

Es ist so richtig schöne, warme Julisonne. Drüben liegt die „Goeben" – schon wenn man die sonnenbebrannten Panzerflächen ansieht, wird's einem warm. Weiter nach innen liegen die schwarzen Boote der Flottille -, auf der anderen Seite der Bucht das Flottillenwohnschiff „Olga" und der Werkstattdampfer. Auf der Südseite liegt die Stenia-Werft; Werftdirektor ist unser alter „Breslau"-Ingenieur von der Messinafahrt, Marine-Oberingenieur Hepp.

Die „Breslau" liegt im Dock.

Nach langer Zeit und anstrengenden Fahrten ist eine gründliche Kesselreparatur notwendig geworden. Es war erstaunlich, was alles die ersten Kesselrohre ausgehalten hatten. Unermüdlich war der Kreuzer unterwegs gewesen, Tag und Nacht auf Schutz- und Kriegsfahrten, bei denen es häufig mit „äußerste Kraft voraus" ging, dass die Ventile pfiffen.

Jetzt wird die ganze Kesselanlage einmal gründlich überholt und erneuert. Das Schiff soll seine alte berühmte Schnelligkeit nicht verlieren.

Zurzeit wimmelt es auf der „Breslau" von Werftarbeitern. Es wird genietet und gestemmt, gebohrt und gehämmert; ein infernalischer Lärm geht über das ganze Schiff. Wir sind glücklich so weit gekommen, dass wir entsetzt empor schrecken, wenn mal das Trommelfeuer der Nieter aufhört.

Über die Schanze ist ein mühsam zurechtgetrimmtes Segel gespannt. Die beiden hintersten Feuerlöschschläuche berieseln dauernd das Deck. Trotzdem will das Thermometer in den Kammern nicht sinken. Es bleibt eisern auf achtunddreißig Grad Celsius stehen – auch nachts; erst gegen drei Uhr morgens geruht es, etwas zu fallen, um bei Sonnenaufgang schleunigst wieder in die Höhe zu klettern.

Die Leute sind zur Arbeit verteilt. Das Schiff möglichst schnell wieder gefechtsklar zu machen, ist die Hauptsache. An eigentlichen militärischen Dienst ist in diesen Wochen bei der übergroßen Hitze nicht zu denken. Richtige Arbeit, auch bei den Offizieren, endet in den Bleikammern unter Deck, selbst bei angespannter Energie, stets mit einem Fiasko. Wenn es dabei dauernd in dicken Tropfen von der Stirn fällt – dann hat's auch beim besten Willen eben geschnappt. Man entflieht der Selbstqual auf die Schanze und denkt an die vergangenen, so schönen, doch so bedeutend kühleren Seetage im Schwarzen Meer.

Am besten haben's schließlich noch die Wachgänger. Sie halten eine eiserne Routine und ein strenger Wachdienst zusammen. In strahlend weißem Zeug stehen sie pflichterfüllt auf dem heißen Deck und sind froh, wenn sie manchmal ein kühler Luftzug erreicht.

Dann und wann überzeugt sich der Wachhabende Offizier, ob die „Midilli"-Yacht unten an der Boje auch gut liegt. Die „Midilli"-Yacht, Besatzung hat sie nicht, ist der Trostanker des Offizierkorps.

Zeigt der Bosporus etwas Brise an, wird sie aufgetakelt, und mit Strom und Wind geht es dann den Bosporus hinab, dem heißen Konstantinopel zu.

Ob man aber abends wieder gegen den Strom zurückkommt, zumal wenn der Wind abflaut, darüber macht sich vorläufig keiner Sorge. Dann wird schon schlimmstenfalls der Erste Offizier die Dampfpinasse schicken, der Not gehorchend, nicht dem eigenen Triebe! Denn das einzige Dampfboot der „Breslau“ ist vielbegehrt und hat nach Ansicht des Ersten Offiziers Wichtigeres zu tun, als die Jacht sorglos unseemännischer Amateursegler gegen Strom und Wind in der Dunkelheit nach Haus zu schleppen.

So kommt immer wieder der Moment, wo der „Breslau-Offizier“ sich aus dem Stenia-Glutofen an die Yacht pullen lässt und, kühnen Tatendranges voll, das Fahrzeug mit ein paar hilfsbereiten Händen auftakelt.

Stolz killt das ehrwürdige Großsegel in der schönen Brise, Treiber und Vorsegel werden gesetzt, das Bojereep wird losgeworfen, die Vorschoten werden dicht geholt, und sanft sich überlegend gleitet die Yacht in den glitzernden Bosporus hinaus.

Uff – wie ist das fein kühl hier auf dem Wasser – zumal bei dem Gedanken an die gut gekühlten Flüssigkeiten da unten in der Kajüte.

Im Hafen von Istanbul-Galata

Vor Dolma-Bagtsche wird der Anker weggeworfen. Wie wird denn der „Breslau-Offizier“ auch allein den kühlen Bosporuswind genissen? Dazu hat er seine Mitmenschen viel zu lieb. In seiner Nächstenliebe hat er Damen und Herren der Deutschen Kolonie dazu eingeladen. Sie stehen schon erwartungsvoll vor dem weißen Sultansschloss von Dolmabagtsche und blinzeln gegen die Sonne nach der „Midilli“-Yacht mit dem Roten Halbmond hinüber.

Die „Breslau-Leute“ haben Erbarmen und holen sie im Dingi an Bord. Dann wird Anker auf gegangen und gegen Strom und Wind den Bosporus hinaufgekreuzt.

Kaum wird etwas gewonnen. Oft reibt die Yacht mehr stromab, als beim Aufkreuzen gewonnen wird. Schließlich kann ein Herr vom Konsulat sein Missfallen darüber nicht mehr verbergen und meint, wir verständen es nicht.

Ansicht von Pera und Galata

Schnell setzen wir ihn ans Ruder – doch bald bittet er selbst reumütig um seine Ablösung. Er hat uns gründlich wieder stromab gebracht. In den Abendstunden wird es windstill; vor Arnautkoij muss neben dem amerikanischen Stationär geankert werden. Unsere Gäste fanden es wundervoll und treten befriedigt mit der elektrischen Bahn die Heimreise an. Der älteste von uns zögert erst etwas, dann beißt er in den sauren Apfel und erbittet telephonisch vom Ersten Offizier die Dampfpinasse.

Zu Fuß treten wir über Rumeli-Hissar den Heimweg an.

Als wir an Bord kommen, ist die Yacht schon längst wieder an der Boje fest. Bedenklich wiegt sie sich im Wasser hin und her und denkt an all die weißgekleideten „Hanums", die es heute auf ihren Planken so köstlich fanden.

Immer kann aber nicht gesegelt werden. Gott sei Dank ist anderswo Offiziermangel und erfordert Heranziehung derjenigen „Breslau-Offiziere", die während der Liegezeit verfügbar sind.

Die Landungsabteilung der Flotte auf Gallipoli ist ein vielbegehrtes Kommando, und zwei von uns sind so glücklich, dorthin zu kommen. Den einen, unseren wackeren Leutnant z. S. der Reserve Hildebrandt, ereilt schon bei dem ersten Gefecht sein Geschick. Ein Kopfschuss macht seinem so arbeits- und tatenreichen Leben ein Ende. Wir, die wir ihn kannten und schätzten, sind tief erschüttert. Doch es ist Krieg!

Ein anderer von uns hilft dem Oberkommando der Meerengen bei der Regelung der Dardanellentransporte. Ein vierter baut eine Wasserflugstation und macht im Marmara- und Schwarzen Meer vom Flugzeug aus Jagd auf U-Boote.

So hatten diese Verwendungen und Kommandierungen das Gute, dem qualvollen Nichtstun an den Ruhetagen in der Stenia-Bucht ein Ende zu bereiten.

Dann aber kam der Tag, da die Reparatur der „Breslau“ beendet war. Ein neues, blitzblankes Eingeweide hatte sie erhalten, herzhafte und mächtige stählerne Lungen, die sie befähigen sollten, in alter Frische und Geschmeidigkeit gegen den Feind zu brausen.

Längst hatte der Ausbildungs- und Gefechtsdienst wieder begonnen. Altes Personal wird gegen junge, neu aus der Heimat kommende Mannschaft, ausgetauscht. In strenger, unermüdlicher Arbeit wird die Gefechtsbereitschaft der Besatzung unseres Schiffes wiederhergestellt.

Dann kommt der letzte Werft- und Ruhetag.

Auf dem Exerzierplatz der Stenia-Werft nimmt unser Admiral die Parade über die Marinegarnison Stenia ab: Eine neue arbeits- und tatenreiche Zeit des Kreuzers kann beginnen.

Zunächst erfolgen Probefahrten im Marmarameer. Kessel und Maschinen erreichen ihre alten Höchstleistungen wieder. Artillerie- und Torpedo-Schießübungen schulten das Personal und bildeten den Schlussstein der Ausbildungszeit. Wir übten wie in der Ostsee und in der Nordsee; Besatzung und Schiff waren wieder ein kampfbereites Wesen geworden.

Dann sind alle Probefahrten beendet, und unser Kommandant kann sein Schiff dem Admiral gefechts- und fahrtbereit melden.

Die Offiziere der „Breslau“, vorn links sitzend Karl Dönitz

Kohlenfahrten

„Es ist doch gut, wenn man immer seine Abwechslung hat. Im letzten Winter fuhren wir den Russen vor der Nase herum, jetzt krabbeln wir an unserer eigenen längs!“

So sagte ein junger Leutnant in der Messe. Und eigentlich war es ja auch so. Die Fahrten nach Sewastopol, zur Kaukasusküste waren seltener geworden. Im Hafen von Jalta hatten wir noch einmal einen Dampfer und einen Segler versenkt. Daraus war bei den Russen eine völkerrechtswidrige Beschießung eines unbefestigten Badeortes geworden. Das war unser Abschied von der Krimküste gewesen.

Jetzt aber hatte unser Kommandant, Kapitän zur See v. Klitzing, eine wichtigere Aufgabe erhalten: Die Kohlendampfer, die von Zonguldak an der anatolischen Nordküste nach Konstantinopel fuhren, gegen russische Angriffe, in der Hauptsache gegen russische Zerstörer, zu decken. Wie oft waren wir nicht zu diesem Zweck nach Zonguldak gelaufen – unter Land die leeren Dampfer – und zurück dann in Begleitung der vollen.

Dann war es immer die Frage, ob wir dicht bei unseren Schützlingen bleiben oder besser noch Aufklärungsvorstöße nach See machen sollten.

Darum liefen wir einmal Kurs nach See zu – kehrten dann wieder in die Nähe der Dampfer zurück – waren hier und dort – sicherten – kurz, es war das alte, längst vertraute Schäferhundspiel, in dessen Verlauf wir aber unsere Dampfer stets glücklich in den Bosporus brachten.

Oft war’s gar nicht heiter. Noch dazu, wenn wir wussten, dass russische Zerstörer sich in der Nähe herumtrieben; dazu dunkelste Nacht, kein Mond, nur schwacher Sternenhimmel, und eine dicke, diesige Dunstschicht über dem Horizont.

Wie oft haben dann nicht einen übereifrigen Ausguckposten aufgehende Sterne getäuscht.

Plötzlich erscheint über der Dunstschicht ein helles Licht. „Voraus ein Licht!“ ruft der Mann.

„Kriegswache Achtung – Alarm!“

Alles steht gespannt in höchster Erwartung und lauert auf den unbekannten Feind – dann steigt das gefährliche Licht höher und ist – die Venus.

Wie oft sind die Ausguckposten nicht emporgefahren – den Schrei „Torpedolaufbahn“ auf den Lippen – und es war ein Delphin, der mit phosphorheller Bahn vierkant auf das Schiff zuschoss.

Uff – ist dann die bange Nacht vorbei, und die Sonne grüßt einen sichtigen hellen Tag – dann sind ein paar Stunden Ruhe ungemein köstlich. Durch nichts lässt man sich bewegen, aus der Koje zu klettern.

So habe ich eines Tages einen lustigen Dialog mit angehört. Vor der Kammertür eines meiner Kameraden steht der Hilfsschreiber, ein zarter, schmächtiger Jüngling, mit einem feinen, hellen Stimmchen. Im Zivilberuf ist er Mädchenschullehrer. Im Arm hat er einen Stoß schwarzer Gebetsbücher, eine fromme Liebesgabenstiftung. Mein Kamerad liegt auf der Koje und schläft eisern.

Der Hilfsschreiber klopft schüchtern. Keine Antwort. Jetzt wagt er es etwas energischer an die Tür zu klopfen. Keine Antwort, nur ein schlaftrunkenes Brummen. Vorsichtig schiebt er nun die Tür einen kleinen Spalt auf und klopft noch einmal, diesmal schon ganz schön laut.

Da fährt der Schläfer hoch. „Was ist denn los, zum Donnerwetter noch mal?“ brüllt er auf. Darauf der Hilfsschreiber mit schüchterner

Stimme: „Herr Oberleutnant, ich bringe die zwanzig Gebetsbüchlein für Herrn Oberleutnants Division."

„Ach, scheren Sie sich meinetwegen zum Teufel mit Ihren Gebetsbüchlein und lassen Sie mich schlafen!" wird er angedonnert. Und schwabb – fliegt die Tür zu.

Selbst an einem so hohen Festtag, wie dem eigenen Geburtstag, lässt man sich durch nichts bewegen, in See bei Freiwache etwa aufzustehen.

Der Bursche lässt sich aber dadurch nicht stören, kommt ruhig in die Kammer, macht Reinschiff und zeigt seinen Ärger, dass der gestrenge Brotherr noch immer in der Koje liege, durch möglichst viel Gepolter beim Aufklaren an. Schließlich wird es einem dann zu bunt, allmählich wird man munter, und es fällt einem ein, dass man Geburtstag hat.

„Domscheit, willst du mir eigentlich nicht zum Geburtstag gratulieren?" fragt der Brotherr den Burschen.

Darauf nur ein unverständliches Brummen von Seiten des Burschen.

„Domscheit, willst du mir wirklich nicht gratulieren?

Nun legt der Bursche aber mit rauer Stimme los, dass es dem Brotherrn angst werden kann: „Nein, ich hab' mir nur gedacht, wenn Herr Oberleutnant jeden Morgen im neuen Jahr so spät aufstehen, dann kann es ja nett werden!"

Dies alles sind kleine, heitere Erinnerungen an unsere Kohlenfahrten. Es gibt auch andere, weniger angenehme. Wie unangenehm überrascht waren wir, wenn in Zonguldak die Kohlendampfer noch nicht beladen waren!

Dann kam der tüchtige Kapitän und Kapitänleutnant der Reserve, Freese, in einem kleinen Dampfboot zur „Breslau" hinausgeschlingert, die wegen der U-Boots-Gefahr wilde Kreise schlug. Kapitän Freese war auf seinem Schiffchen Kommandant, Rudergänger, Posten, Maschinentelegraph und Bootsgast, alles in einer Person.

Er berichtete uns dann, wie weit die Dampfer waren. Wir „schwabberten“ inzwischen draußen herum und fuhren die schönsten Figuren und Zickzackkurse, zumal, wenn wir Nachricht von russischen U-Booten erhielten, die weiter westlich unter der Küste gemeldet wurden, uns sicher beim Vorbeilaufen gesehen hatten und nun wahrscheinlich nachlaufen würden.

So warteten wir einmal Ende Mai einen ganzen Tag vor Zonguldak auf das Beladen der Dampfer. Gegen Abend setzte eine Gewitterböe ein mit strömendem, dickstem Regen, der jede Aussicht benahm. Feines Wetter für U-Boote, dachten wir!

Und kaum war das Wetter vorbei, wir liefen mit halber Fahrt hin und her, da kam, kaum achthundert Meter ab, ein Sehrohr mit höchster Fahrt und langer Wasserfahne auf uns zu.

„Steuerbord querab ein U-Boot!“ „Hart Backbord!“ Und dann heraus mit den Salven!

Die Dampfer waren gerade fertig geworden und hatten den Hafen verlassen.

Als sie uns schießen sahen, hielten sie mit voller Fahrt auf den Strand zu. Ein U-Boot in der Nähe! sagten ihre Kapitäne, nun bloß schnell die Dampfer retten!

Mein Gott, dachten wir – da inzwischen das Sehrohr sich empfohlen hatte – wenn die sich nur nicht auf Strand setzen wollten! Wir heulten mit der Sirene und fuhren auf die Dampfer zu.

Das Sehrohr blieb zunächst verschwunden, tauchte später allerdings noch einmal auf, verschwand aber wieder, als wir es von neuem mit gut liegenden Salven eindeckten.

Scharf Ausguck haltend, wurde dann mit den Dampfern der Heimmarsch angetreten; bald vorlaufend, bald zurück, immer auf einen Angriff des U-Bootes wartend.

Gegen Mitternacht holten die gellenden Alarmklingeln die Freiwächter noch einmal aus dem Schlaf. Das U-Boot war achteraus in Sicht aufgetaucht, tauchte aber, als es mit dem Scheinwerfer beleuchtet wurde, sofort wieder weg.

Aber auch diesen Dampfertransport brachten wir glücklich nach Haus.

***

Nach acht Tagen gingen wir dann wieder im Morgengrauen heraus. Glücklich brachten wir die beiden leeren Dampfer nach Zonguldak und warteten nun auf das Fertigwerden der Beladung. Trotzdem wir in letzter Zeit mehrfach Meldungen von russischen Zerstörern bekommen hatten, die unter der Küste patrouillierten, hatten wir bis jetzt noch keine in Sicht bekommen.

Schönes Wetter war diesmal. Natürlich sah man dafür auch die dicke Rauchfahne der „Midilli“ meilenweit.

Nachmittags wurden die Dampfer fertig und kamen hinter der Mole hervor. Wir gaben ihnen durch Flaggensignale Kurs dicht unter Land.

Wir selbst machten Schläge nach See und gingen dann wieder nach der Küste zurück.

Abends bezog es sich, und die Nacht wurde wieder mal so recht schön dunkel, wie wir es gerade heute eigentlich nicht brauchen konnten. Denn die russischen Zerstörer und die beiden Kreuzer sollten ja in der Nähe sein.

Aber was blieb uns anderes übrig, als stetig unseren Kurs weiterzufahren und dabei schärfsten Ausguck zu halten? Es wäre ja nicht das erste Mal gewesen, dass wir Zerstörer auch in dunkler Nacht herankommen sahen.

Gemütlich ist deswegen die Situation doch nicht. Man hat ungefähr so ein Gefühl, wie es in den bekannten Erzählungen von nächtlichen Schlittenfahrten über die russische Steppe geschildert wird. Man fährt dahin im ungewissen und weiß doch, dass bald die Wölfe kommen werden; aber man ist auf dem weiten offenen Feld und muss heim.

So konnten wir auch nichts weiter tun als auf alles gefasst sein; hohe Fahrt zu laufen, hatte keinen Sinn, denn wir mussten in der Nähe unserer Dampfer bleiben. Die Nacht war so schön finster, dass die russischen Wölfe schon von selber kommen würden.

Und gegen zwei Uhr morgens waren sie denn auch glücklich da!

1 Uhr 52 Minuten kamen Backbord voraus zwei dunkle Schatten in Sicht; Entfernung etwa achtzehn Hektometer. Das sind die zwei russischen Zerstörer.

Sofort kam der Befehl: „Ruder hart Backbord!"

„Scheinwerfer leuchten, den vorderen Zerstörer unter Feuer nehmen!"

Dunkel liegt die See, über die unser Scheinwerferstrahl gleitet. Die Finsternis ringsum in zwei Sphären von tiefster Schwärze zerteilend.

Rack! – Krachend flammt unsere Salve aus den Rohren. Sie liegt zu kurz.

Wie helle Fontänen stehen die Wassersäulen im Scheinwerferlicht draußen plötzlich hingepflanzt.

Jetzt blitzt es auch drüben bei den Russen auf!

Unsere Salve aber deckt nun, und der vordere Zerstörer hat drei Treffer!

Da, jetzt wieder fünf! Plötzlich ist von ihm nur noch Brücke und Back zu sehen. Der hat genug!

„Zielwechsel rechts!“ kommandiert der Artillerieoffizier, Kapitänleutnant Carls, und auch der zweite Russe wird eingedeckt.

Aber auch bei uns steigt jetzt eine hohe Feuergarbe auf dem Steuerbordmitteldeck hoch.

Verdammt, da haben wir einen Treffer hereinbekommen, und da, jetzt noch einen! Es fühlt sich doch ganz anders an, wenn die Granaten auf dem eigenen Schiff explodieren.

Grellbeleuchtet heben sich die Schlote plötzlich aus der Finsternis ab, während unter ihnen auf dem Deck eine dunkle Masse von Rauch wogt.

Unsere Leute feuern mit ruhiger Sicherheit weiter, und jetzt ist auch der zweite Zerstörer getroffen.

„Scheinwerfer blenden!“ Und mit Backbordruder drehen wir ab.

Wir können uns doch nicht länger mit dem zweiten Russen abgeben, da inzwischen die beiden Kreuzer auch noch herangekommen waren.

„Lehmann, sehen Sie doch mal nach, was wir an Deck für Ausfälle haben“, sagt der Artillerieoffizier jetzt oben am Scheinwerferstand zu seinem Burschen, der als Befehlsübermittler stets neben ihm seinen Platz hatte.

„Der ist längst fortgetragen, Herr Kapitänleutnant, der ist ja verwundet.“

So hatten wir im Eifer des Gefechts gar nicht gemerkt, dass auch unser Leitstand etwas abbekommen hatte. Selbst oben beim Scheinwerfer war ein Matrose durch einen Granatsplitter am Bein verwundet. An Deck war es leider bei leichten Verwundungen nicht geblieben, es hatte mehrere Tote und Schwerverletzte gegeben.

Unter der Back wurden die Gefallenen aufgebahrt; die Schwerverletzten und Leichtverwundeten kamen sofort unter die kundige Pflege unseres Schiffsarztes und seines Sanitätspersonals, die für alle Fälle vorgesorgt hatten.

Die Russen waren bald nicht mehr zu sehen; wir liefen die Nacht durch mit großer Fahrt. Im Morgengrauen hatten wir den Bosporus wieder in Sicht; „Breslau" lief ein.

Die Dampfer waren glücklich an den Russen vorbeigelaufen und schon vor uns in Sicherheit.

Mit hoher Fahrt gingen wir den Bosporus hinab, um möglichst bald unsere Verwundeten von Bord geben zu können.

Noch lag die Hauptstadt im Schlaf, da öffnete sich die Neue Brücke, und wir liefen ins Goldene Horn ein.

Ein Dampfer kam längsseit; mit höchster Sorgfalt wurden unsere armen, zerschossenen Jungens von Bord gebracht, um in die beste Pflege zu kommen.

Schon in frühester Morgenstunde kam unser Admiral an Bord. Lag es ihm doch am Herzen, sein wackeres Schiff zu begrüßen.

„Alle Mann achteraus!"

Wie strahlten dann die Gesichter aller Leute, als unser Flottenchef ihnen in kurzen, aber aus dem Innern kommenden Worten seine Zufriedenheit aussprach. Sie wussten, ihre Kameraden hatten nicht umsonst geblutet.

Später lasen wir dann noch in russischen Zeitungen von den Meldungen schwerer Menschenverluste auch auf dem zweiten Zerstörer. Die „Wölfe“ hatten unsere Zähne zu fühlen bekommen.

Dabei hatten sie nach ihren Meldungen nicht weniger als zwanzig Torpedos auf uns abgeschossen, die alle ihr Ziel verfehlt hatten. Die „Breslau“ zu jagen, war immer noch ein teurer Spaß für die Russen gewesen.

Die frühere „Breslau“, jetzt „Midilli“ im Schwarzen Meer

„S.M.S. Goeben" und „S.M.S Breslau" vernichten die englische Monitore Raglan und M28 vor Imbros

Im Feuer der „Imperatriza Maria“

Es ist im April 1916.

Nach längerer Ruhepause waren in harter Arbeit Besatzung und Schiff auch unter dem neuen Kommandanten, Korvettenkapitän von Knorr, wieder ein kampfbereites Wesen geworden. Das Schiff steht im Zeichen der Gefechtsbesichtigung.

In zwei Tagen wird der Admiral den Kreuzer besichtigen und sich von dem Stand seiner Gefechtsbereitschaft überzeugen.

Eine fieberhafte Tätigkeit herrscht auf der „Breslau“. Ein jeder malt und putzt und schmirgelt auf seiner Reinschiffsstation, denn sein Gebiet muss besonders schön und blank werden und dem Admiral vor allen anderen auffallen.

Vormittags ist Klarschiff; das Gefechtsbild wird nochmals durchgeübt.

So mancher alte „Breslau-Mann“ grinst verstohlen. Ihm will es nicht so recht eingehen, hier im Hafen auf den Ruf „Torpedoboote an Steuerbord“ an das Geschütz zu stürzen – wo er es draußen in der Wirklichkeit so oft erlebt hat. Und doch weiß er auch wieder aus der Erfahrung, wie wichtig dieses fast besinnungslose Wissen um das Notwendige in all den vielen Wechselfällen ist, denen ein Kriegsschiff ausgesetzt sein kann. Dafür ist eines Vorbedingung: Stete, unaufhörliche Übung, durch die allein das schon Gelernte und Gewonnene lebendig und wirksam bewahrt werden kann.

Darum sind in den Gefechtsbildübungen alle möglichen „Fälle“ vorgesehen.

Treffer werden durch Abbrennen von Schwarzpulverbomben markiert. In den unteren Räumen ist richtige Gasgefahr. Dort bricht ein

Feuer aus, und Feuerlöschschläuche werden eiligst ausgerollt. Im Kesselraum platz ein Dampfrohr – große Dampfgefahr! Inzwischen ist in den Lüften ein Flieger erschienen und wird erfolgreich abgewehrt, und zu guter Letzt läuft das Schiff auf eine Mine und kann nur durch das ausgezeichnete Arbeiten der Lecksicherungsmannschaften gerade noch über Wasser gehalten werden.

Ein wildes Hasten und Durcheinanderlaufen überall, wohin man sieht; ein scheinbar wirres Getriebe, das aber plötzlich in konzentriertester Betätigung seinen Sinn erhält.

Alles „stürzt" und rennt durcheinander; keiner zögert, jeder handelt. Viele Menschen auf engstem Raum zu durchdachtestem, höchst zweckvollem Tun vereinigt, in dem keiner dem anderen im Weg ist, jeder dem anderen an seinem Fleck hilft: das ist das Wesen einer Gefechtsübung auf einem Kriegsschiff.

Das ist nicht leicht und will in anstrengender Arbeit eingeübt sein. Aber viele der Leute freuen sich sogar auf die Gefechtsbesichtigung; sie denken, wir wollen es dem Admiral schon mal ordentlich zeigen.

Heute ist noch zum letzten Mal Klarschiffsdienst geübt – dann kann der Admiral getrost übermorgen kommen.

Abends, froh der ersehnten Ruhe, hat der Adjutant sich schlafen gelegt. Er denkt noch mal daran, wie famos die Kerle hinfielen, als die „Stinkbombe" hochging – dann fällt ihm ein, dass er mal wieder etwas vergessen hat; das stört ihn aber weiter nicht, und schließlich „mulscht" er hinüber.

Es ist gegen Mitternacht. Es klopft – keine Antwort. Es klopft stärker, heftiger – schließlich anhaltendes Trommelfeuer.

„Was ist denn los, zum Deuwel nicht noch mal?" „F.T.-Spruch, Herr Oberleutnant!"

„Vorlesen!"

„Ist „Breslau“ morgen Nachmittag fahrtbereit?“

„Gut . . . , hm . . . auf den Schreibtisch legen!“

Pause . . .

„Soll nichts geantwortet werden, Herr Oberleutnant?“

„Nein, was denn, ist ja schön, wenn der „Bosporus“ (das ist unser Verkehrsmotorboot) morgen wieder fahrtbereit ist!“

„Herr Oberleutnant, da steht: Ist „Breslau“ morgen fahrtbereit!“

Nun wird er aber wach und springt mit einem Satz aus der Koje. Was – das ist ja großartig – aber die schöne, schöne Gefechtsbesichtigung – damit ist nun mal wieder nichts!

Rein in die Kleider, und nach einer halben Stunde kann der Kommandant dem Admiral melden: „Breslau“ ist fahrtbereit.“

Juchhe, wir fahren wieder zur See! Nun hört wenigstens die „Papierkneipe“ wieder mal auf. Schlingern werden wir ja wieder mal mächtig, denn es weht ganz ordentlich draußen.

Am nächsten Vormittag qualmt die „Breslau“ aus allen Schornsteinen, sonst merkt man dem Schiff nichts an. Alles geht seinen gewohnten Gang. Gegen Mittag ändert sich das Bild schon etwas. Offiziersburschen haben Zivilzeug ihres Brotherrn über den Armen und bringen es zur Verwahrung in die Kammer eines Kameraden drüben auf der still liegenden „Goeben“. Wenig später packen die Leute selbst ihre Sachen in die Kleidersäcke, und zwei Kutter bringen das Zeug in den „Breslau-Schuppen“ an Land, um es vor der Vernichtung durch etwaige Treffer zu bewahren.

Dann fängt es an lebhaft zu werden. Bereitschaftsmunition wird gemannt, Geschütze werden klargemacht und alle Vorbereitungen zur Ausfahrt getroffen.

Nunmehr kommen Leichter längsseit und bringen eine Menge Kisten, die wir nach Trapezunt mitnehmen sollen. Auf den Mitteldecks türmen sich große Kohlenhaufen auf, die gerade einen schmalen Durchgang und Raum zum Schwenken der Geschütze freilassen.

Am Spätnachmittag ist der Kreuzer fertig bepackt und klar zum Inseegehen.

„Alle Mann auf zum Manöver!“ „Leinen los!“ „Steuerbord 10!“

„Beide Maschinen langsame Fahrt zurück!“

Wir stehen auf der Brücke und beobachten das Angehen des Kreuzers.

So oft man's erlebt hat, es ist jedes Mal ein wunderbares, erhebendes Gefühl, mit dem man diesen Augenblick genießt.

Das Schiff, das bisher still und unbewegt gelegen hat, ein schlanker, wunderschöner, aber lebloser Bau, eine kunstreiche Zusammensetzung von Stahl und Eisen – jetzt begann es sich zu regen, kam in Bewegung durch eigene Kraft aus seinem Innern und wurde belebt.

Das spürten wir, während der Boden der Brücke rhythmisch zu erzittern begann unter dem Arbeiten der Turbinen, und mit diesen Schwingungen fühlten wir das Leben des Kreuzers geheimnisvoll sich uns mitteilen.

Man muss Seemann gewesen sein, um dies ganz verstehen zu können, und nur wer dies einmal erlebt hat, begreift die Liebe des Seemanns für sein Schiff.

Die „Breslau“ hat losgeworfen und geht langsam rückwärts aus der Stenia-Bucht heraus.

Auf dem Bosporus dreht sie auf; die Maschinen gehen mit erhöhter Kraft vorwärts an, ein paar Augenblicke gleitet der Schiffskörper

Leuchtturm Rumeli mit Fort auf der nördlichsten Spitze der europäischen Seite des Bosporus

noch über den Achtersteven gegen die schon voraus tosende Kraft der Schrauben – dann ist der Stillstand überwunden, das Wasser an den Schiffswänden gleitet immer schneller zurück, das Schiff streckt sich gleichsam und scheint länger zu werden, es sieht aus, als hebe es sich mit der Nase ein wenig aus dem Wasser, und mit immer gleichmäßigerem und schnellerem Vibrieren kommen wir in Fahrt und laufen vorwärts, hinaus, dem Schwarzen Meer zu.

Noch einmal wenden wir uns zurück, dem verlassenen Ufer zu, wo hinter der Felsenecke der große Bruder liegt, den wir grüßend verlassen. Dann geht der Blick voraus, und das Herz lacht und will springen vor Freude über die kommende frische Seefahrt.

Über dem europäischen Ufer des Bosporus glüht der Sonnenuntergang zwischen den schwarzen Zypressen, während wir uns der Ausfahrt nähern. Die Kriegswache zieht auf, das Schiff wird abgeblendet, und als die „Breslau" die beiden Leuchttürme Rumeli und Anatoli Kawak passiert, senkt sich schon die Nacht über das Schwarze Meer.

Die Hälfte der Mannschaft schläft angezogen in der Nähe ihrer Gefechtsstationen, die andere Hälfte wacht. An den Geschützen, oben auf der Brücke, an den Scheinwerfern stehen Ausguckposten, alles starrt und späht in die Nacht hinein.

Sieht der Russe mich zuerst, dann müsste es doch mit dem Teufel zugehen, wenn ich nicht seinen Angriff ausmanövrieren und ihn dann fassen und schütteln könnte, bis er genug hat. Also aufpassen ist wie immer die vornehmste Bedingung für den Erfolg.

Die milde Nacht blieb ruhig und ohne Überraschungen. Nichts kam in Sicht, und auch den ganzen folgenden Tag hindurch zeigt der klare Horizont keinen Feind, keine Rauchwolke.

Am nächsten Morgen kommt die Küste aus dem Dunst heraus, und bei Hellwerden sind die Bergketten Anatoliens und weit im Osten die schneebedeckten Ausläufer des Kaukasus zu sehen.

Dort, der weiße Fleck am Wasser ist Trapezunt.

Die „Breslau" kommt näher, die Stadt breitet sich deutlicher aus. Ein Motorboot fährt dem Schiff entgegen, der Wali und der Hafenkapitän kommen an Bord. Sie haben alles zur Übergabe der mitgebrachten Sachen vorbereitet. Ganze Flottillen von Mahonen rudern heran.

„Breslau" stoppt und ankert. Die Mahonen kommen längsseit. Leinen werden ihnen geworfen, und überall, wo die Bordwand frei ist, werden in fieberhafter Eile die Sachen abgegeben.

Denn das war ja erst der erste Streich – und die „Breslau" will weiter, beim zweiten fängt die Freude ja erst an.

Nach eineinhalb Stunden gehen wir wieder Anker auf.

Mit Ostkurs, an der Küste längs, geht's der russischen Grenze zu. Wollen wir doch den Russen mal in ihre Landstellungen schießen und ihnen zeigen, dass ihre ganze starke Flotte es nicht fertig bringt, ihren rechten Flügel vom Meer aus zu decken.

Gegen neun Uhr wird klar Schiff angeschlagen, alles eilt auf die Gefechtsstationen. Da kommt unter Land rechts voraus eine Rauchwolke in Sicht. Es ist anscheinend ein Torpedoboot, das mit hoher Fahrt nach Osten wegläuft.

Schade – es ist zu weit fort – und Jagen ist zwecklos. Der Russe wird uns nun sofort in Batum melden und uns seine großen Brüder auf den Hals hetzen.

Jetzt kommen die russischen Stellungen in Sicht. Am Strand ist ein großes Zeltlager. Pferde und Munitionskisten sind zu sehen – es wimmelt zwischen den Zelten von Soldaten. Keiner denkt an Gefahr. Ob sie uns wohl für einen russischen Kreuzer halten?

Wie sollte auch die „Midilli" hierher kommen. Die ist ja seit langem nicht mehr erschienen und wohl nicht mehr fahrtbereit!

Da geht die türkische Flagge an unserer Gaffel hoch – der alte türkische Halbmond lacht zu den Russen hinüber – im Großtopp weht stolz die deutsche Kriegsflagge.

Dass deutsche Fäuste sie packen, sollen die Russen jetzt daran erkennen!

„Salve – Feuern!"- Ein Ruck durch den ganzen Schiffsleib – eine Breitseite schlägt drüben in das Lager ein – und bringt Vernichtung. Unaufhörlich zucken die Blitze aus den Geschützschlünden der „Breslau".

Die willkommene Unterstützung ausnutzend, gehen jetzt die Türken an Land vor – lebhaftes Gewehr- und Maschinengewehrfeuer zeigt an, dass das Gefecht in Gang kommt.

Unter Land wird ein russischer Transportdampfer entdeckt. Ein paar Treffer setzen ihn in Brand. Brennendes Öl birst aus der durchschlagenen Schiffswand und fließt flammend auf die bewegte See.

Da – eine riesige gelbe Wolke – eine dumpfe Explosion – der Dampfer reißt mittschiffs auf – seine Munitionsladung ist in die Luft geflogen.

***

Gegen Mittag dreht die „Breslau“ ab und dampft nach See zu. Wohl war der Vormittag erfolgreich – doch so mancher steht sinnend am Geschütz – und denkt: Schöner ist’s, wenn ich einem ebenbürtigen Gegner meine eisernen Grüße senden kann, und es gilt: Du oder ich.

Aber wir sind Soldaten und haben unsere militärischen Aufträge auszuführen.

Und es gibt noch mehr zu tun; mit hoher Fahrt geht’s jetzt nach Norden. Der Tag ist schön. Wir fahren außer Sicht der Küste, denn es ist nicht notwendig, dass die Russen noch mehr von unserer Gegenwart erfahren als das, was wir ihnen selber mit unseren Granaten sagen.

Dazu ist vorläufig keine Gelegenheit. Der Schiffsverkehr nach Batum scheint doch recht spärlich zu sein, oder die Fahrzeuge schleichen alle unter Land dahin.

Grenzenlos, von keiner Rauchwolke unterbrochen, dehnt sich der Horizont; nur im Westen; gegen die allmählich niedriger stehender Sonne zu, verschleiern farbige Dünste die Fernsicht.

Ruhig steht der Wachhabende Offizier auf der Brückennock. Monoton rauschend zieht unter ihm die See mit purpurn schimmernden Streifen vorbei, über die marmornes Geäder leise zischend in ewigem Wechsel aufschäumt und verrinnt.

Dann gleitet der Blick über die langen Decks nach achtern und über die seltsam verkürzten Aufbauten, von denen ragend die Reihe der schlanken Schornsteine aufsteigt; durch den in stets neuen schwärzlichen Ballen und Wolken aufquellenden Rauch blick er bis hinauf zum Großtopp, von dem die Kupferdrähte der Antennen funkelnd in den klaren Himmel schneiden.

Der Wachhabende ist wieder einmal wunschlos zufrieden und stolz, ein so schönes und schnelles Schiff unter den Füßen zu haben.

So geht der Nachmittag hin; in kupferrotem Dunst versinkt die Sonne, und der Himmel erblasst im Osten in einem kalten stählernen Graublau. Gemütlich sitzt abends die Freiwache in der Messe. Die Nacht wird ja wieder mal lang – da müssen Körper und Geist schnell noch etwas Erholung haben.

Die Aussichten der kommenden Nacht und des folgenden Tages werden erörtert. Ob die Russen wohl unsere Spur entdeckt haben und wir ihrer Flotte begegnen werden?

„Breslau", „Breslau" hüte dich – du bist dem Russen ein edles Wild!

Und doch, wie oft hat die übermächtige Meute dich umstellt gehabt, aber immer noch bis du ihnen entschlüpft!

Heiter werden die Ereignisse des Vormittags besprochen. Die jungen Leutnants wetteifern in ihren Erzählungen. Herrgott ja, was haben sie nicht alles gesehen und beobachtet – mit einem Wort, die Russen sind sicher auf ihrem ganzen Flügel vernichtet, geschlagen, für immer bis ins Mark getroffen.

Lachend ruft so alles durcheinander. Da gellt auf einmal Alarm – die Glocken schrillen – alles stürzt an Deck, auf Gefechtsstationen.

„Was gibt's?" „Was ist los?"
Da an Backbord ist ein schwarzer Schatten!
Aber halt, das ist kein Kriegsschiff, es ist nur ein Segler!
Hart Backbord und drauf zu.
Der Segler dreht bei – er weiß, jetzt hat ihn sein Geschick ereilt.

Mutter Gottes, denkt der Käpten – ich Unglücksmensch! Hätte ich etwas mehr nach Backbord gehalten, dann wäre ich in der dunklen Nacht an der teuflischen „Midilli“ vorbeigekommen; so muss ich ihr gerade in die Arme laufen!

Die „Breslau“ stoppt, wirft einen Kutter zu Wasser und holt die Besatzung ab. Ein Junge heult jämmerlich – hat man ihm doch sicher erzählt, dass die Deutschen auf den türkischen Schiffen alle Kinder töten.

Die Russen werden an Bord geholt und gut untergebracht.

Der Sprengoffizier hat inzwischen zwei Sprengpatronen an dem Segler angebracht.

Gespannt wartet alles, bis die Zeit der Brenndauer der Zündschnur vorbei ist.

Da, eine Explosion, jetzt noch eine! Backbord achtern zeigt der Segler ein großes Loch und legt sich hart über.

Weiter fährt die „Breslau“.

Das war der erste Fang der Nacht.

Ob der morgige Tag abermals Beute bringt? Ob wir selbst vielleicht das Wild sein werden?

Es ist doch gut, dass man nicht in die Zukunft sehen kann, wenn man auch gar zu gern dann und wann so ein ganz klein wenig den Schleier lüften möchte.

Ruhig und aufmerksam suchen die Ausguckposten den Horizont ab. Hell funkeln die Sterne in der mondlosen Nacht – mit greller, phosphor leuchtender Bahn schneiden Sternschnuppen ins Dunkel und verschwinden, der Ausguckposten wünscht sich vielleicht etwas dabei.

***

Die Mittelwache ist vorüber, es geht gegen Morgen.

An Steuerbord ist seit einiger Zeit an dem dunklen Horizont ein noch dunklerer Streifen aufgetaucht und ragt, eben unterscheidbar, in die Finsternis des zitternden Nachthimmels: Der Kaukasus.

Eine unerhörte Stille scheint aus dem schwärzlichen Firmament hernieder zu sinken; aber es ist kein natürliches Schweigen, es ist, als hielte die Nacht den Atem an.

Etwas Unruhvolles, unbestimmt Erwartendes liegt in der Luft. Alle Nerven uns Fasern sind angespannt, und als ob unser Schiff ein besonderes Organ dafür hätte, beginnt es oben in den Antennen zu singen und zu knistern; es verstärkt sich, es knattert leise in den Drähten: Funkenverkehr!

Und die Stimmen der Nacht werden häufiger, lebhafter; russische Kriegsschiffe müssen in der Nähe sein.

Vorsichtig spähend, wie ein witterndes Wild läuft die „Breslau“ vorwärts.

Lange will es heute nicht hell werden.

Die riesige Mauer des Kaukasus, wie eine schwarze Wand unmittelbar vom Wasser aufsteigend, steht vor der heraufkommenden Morgendämmerung, vor der aufgehenden Sonne. Erst, wenn die Sonne hoch genug gestiegen ist, wird der Tag mit einem Schlag da sein. Ohne vermittelnde Dämmerung hat er die Nacht verdrängt.

Da kommen vier Strich an Backbord voraus zwei dunkle Schatten aus dem westlichen Nachthimmel heraus – russische Kriegsschiffe.

Sie waren nur etwa sechzig Hektometer entfernt und liegen auf Gegenkurs.

Rasch kamen wir uns näher. So dauerte es nicht lang, bis wir ausgemacht hatten, wen wir da vor uns hatten. Es waren die besten Schiffe der russischen Flotte: Der neue große Dreadnought „Imperatriza Maria“ und der Kreuzer „Kagul“.

Wir standen zwischen den Russen und dem Land, in hoffnungsloser Nähe der Riesengeschütze des eben fertig gewordenen Linienschiffes.

Wenn wir gesehen wurden, mussten wir von den 30,5 Zentimeter-Granaten in kürzester Zeit in Grund und Boden gehämmert sein, ehe wir uns mit unserer Schnelligkeit aus dem Feuerbereich der schweren Turmstücke der „Imperatriza Maria“ ziehen konnten. Mit unseren kleinen Geschossen sind wir völlig machtlos gegen den schweren Panzer des Linienschiffes.

Atemlos starren wir hinüber, wo in naher Entfernung, gut sichtbar, der Koloss auf Gegenkurs über das dunkle Wasser gleitet.

Unsere Lage ist denkbar aussichtslos. Jeden Augenblick konnten wir von drüben entdeckt werden. Aber der Russe sah uns nicht; er schlief anscheinend wieder einmal.

Dazu standen wir vorläufig noch recht günstig; die dunkle Mauer des Kaukasus als Hintergrund deckte völlig unsere Silhouette.

Eben erst begann das bläulich-schwarze Firmament in der Runde oben zu blassen von dem ersten Schein des aufsteigenden Tages. Desto schwärzer wirkte die dunkle Masse des Landes hinter uns.

Die Russen fahren ruhig auf Gegenkurs weiter.

Vorsichtig leise, wie eine Katze suchte nun die „Breslau“ im Schatten der Kaukasusküste sich an den russischen Schiffen vorbei nach Norden zu schleichen.

So aufregend gefährlich unsere Lage ist – wir müssen ganz langsam gehen, dürfen nicht hohe Fahrt laufen, denn der Funkenregen aus unseren Schloten würde uns sofort verraten.

Langsam, fast nur Schritt vor Schritt, passierten wir die Russen und zogen uns wieder aus ihrer Nähe; Minuten, eine Viertelstunde unerhörtester Spannung vergingen. Die Russen sehen uns noch immer nicht.

Es scheint zu gelingen; die Entfernung wächst, schon sind die feindlichen Schiffe vier Strich achteraus.

Da werden wir von den Russen entdeckt. Zwei Zerstörer, die hinter der „Imperatriza Maria" lagen und nun in Sicht kommen, dampfen auf; das feindliche Geschwader dreht auf uns zu.

Zugleich blitzt es drüben auf.

Was, Donnerwetter, denken wir, schießt er schon? Nein, er macht nur Morsespruch mit seinem Scheinwerfer. Er hält uns also wohl für einen Kameraden.

Nun aber weg! Gesehen sind wir; bis zum Erkennen wird's nicht mehr lange dauern. Jetzt können uns nur mehr die Turbinen helfen.

„Beide Maschinen äußerste Kraft voraus."

Ein immer mehr anschwellendes Sausen geht durch das ganze Schiff. Eine ungeheure Kraftanspannung scheint sich in ihm zu entfalten. Der Schiffskörper zittert, die Schrauben summen, surren, poltern, die Ventilatoren heulen und tosen, und aus den dröhnenden vier Schloten jagt ein wilder Funkenregen.

Ein schäumender Wasserstrom schießt unter unserem Heck hervor, die „Breslau" springt an mit ihren sechsunddreißigtausend Pferdekräften und braust in kürzester Zeit mit höchster Fahrt dahin.

Jetzt gilt es! Wahrhaftig, jetzt ist es anders als gestern früh.

In all dem erregenden Lärmen und Tosen um uns her, wundern wir uns bloß, warum der Russe nicht schießt. Wir sind ihm ja leider noch genügend nahe, und er könnte uns glänzend mit seinen 30,5 Zentimeter-Granaten eindecken!

Aber Väterchen drüben ist von seltener Hartnäckigkeit.

Vielleicht hat er gestern Abend gefeiert, vielleicht scheint es ihm undenkbar, dass sich hier in seiner nächsten Nähe mit einem Mal die „Breslau“ herumtreibt, vielleicht erwartet er hier einen Freund. Gleichviel, jedenfalls ruft er uns immer wieder mit seinem Signalscheinwerfer an.

Nun schön, denken wir, den Gefallen können wir ihm ja tun, antworten wir ihm also; wir können dadurch nur Zeit gewinnen, kostbarste Zeit, denn jede Minute ist jetzt wertvoll. So blinken wir ihm lustig irgendetwas zurück, und mit rührender Geduld kommt immer wieder die Frage zu uns herüber.

Währenddessen jagen wir davon, was die Kessel und Turbinen hergeben können, jede gewonnene Seemeile bringt uns weiter aus dem Gefahr drohenden Schussbereich.

Dieses etwas einseitige Frage- und Antwortspiel dauerte etwa noch gut zehn Minuten, die uns freilich eine halbe Ewigkeit schienen.

Endlich glaubten wir, so ziemlich aus dem Schussbereich heraus zu sein. Wir mussten schließlich doch erkannt werden, denn die Helligkeit hatte sich jetzt schnell über den ganzen Himmel verbreitet, und die Wände des Kaukasus standen wie dunkelblaues undurchsichtiges Glas gegen die erglühende Luft über ihnen, mit funkelndem Licht über die hohen Schneekämme.

Da meinten wir doch, erkenntlich sein zu müssen für die ausdauernde Geduld unserer Gegner, und konnten uns nicht versagen, mit dem Scheinwerfer noch auf gut deutsch „Glückliche Reise“ und einen freundlichen Wunsch hinüberzublinken.

Es zeigte sich aber, dass der Russe keinen Sinn für Humor hatte.

Die „Imperatriza Maria“ begann augenblicklich aufzudrehen und legte sich wie ein Ungeheuer drohend mit der Breitseite hin. Wir hatten die Gewissheit, jetzt schießt sie. Gespannt blickten wir durch unsere Gläser zurück.

Die Entfernung war schon sehr groß, das gewaltige Schiff war gerade noch mit seinem Rumpf über der Kimm zu sehen.

Fremdartig und drohend erhoben sich die vier Türme neben den dicken Schloten und den merkwürdigen Unterbauten der Masten.

Da blitzt es in der fernen Schiffssilhouette auf.

Wir stehen und warten, zehn, zwanzig, dreißig, vierzig Sekunden.

Nun müssen doch gleich die Aufschläge kommen!

Wo werden sie liegen?

Sind wir wirklich schon aus dem Feuerbereich?

„Achtung! Aufschlag!“

Ja, da sind sie, keine tausend Meter zu kurz, ungeheure Wassersäulen, phantastische Riesenfontänen, ausgeworfen aus einem hässlichen moosgrünen Grund, aus einer giftigen Gaswolke, die sie ringförmig umgibt und mit ihrem schmutzfarbenen Rauch noch längere Zeit über der Einschlagstelle schweben bleibt.

Wir brausen mit unverminderter Schnelligkeit davon.

Da, wieder das Aufblitzen.

Ein dumpfes Heulen kommt irgendwoher durch die Luft – die Salve liegt schon näher.

Die „Breslau“ jagt weiter, was die Turbinen leisten können.

Jetzt blitzt es zum dritten Mal auf der ganzen schweren Breitseite da hinten am Horizont auf. Die Entfernung ist schon so groß geworden, dass von der „Imperatriza“ nur mehr der obere Rumpf zu sehen ist.

Nun gilt es . . .

Brave, kleine „Midilli“, wie wird es dir gehen?

Ruhig steht alles auf den Gefechtsstationen, machen kann man ja doch nichts.

Die Sekunden vergehen, die Zeit dehnt sich fast unerträglich. Ist es schon eine Minute? Wann ist die dritte Salve hier?

Was nun geschah, erfolgte in einem so blitzartigen, überraschenden Aufeinander, dass wir uns erst nachträglich darüber klar werden konnten . . .

Mit einemmal wird alles fürchterlich durcheinandergeworfen. Mit einem Ruck holt der Kreuzer stark nach Backbord über – dann schießt er buchstäblich mit der Nase vornüber – es ist, als stürze das lange Schiff in ein Wasserloch.

Wir denken einen Augenblick, ade, du schöne Welt – eine ungeheure Wassermenge donnert auf die Back und alle Decks. Auf dem Mitteldeck stehen die Leute buchstäblich bis an die Hüften im Wasser.

Da geschieht ein Wunder. Die „Breslau“ richtet sich wieder auf – ein Blick nach achtern – unsere Hecksee ist unverändert und schießt mit zwei dicken Schaumwülsten hinter uns drein.

Einen Treffer können wir nicht bekommen haben; mit eiserner Ruhe melden die Maschinen und alle andere Räume klar. Nur das Vorschiff ist von Sprengstücken wie durchsiebt.

Wir sehen einander an: Das war gerade noch vorbeigegangen.

Sprengstücke liegen auf der Back und an den Decks des Mittelschiffes, auf dem das Wasser noch flutet. Wir hatten keinen Aufschlag gesehen, keine Wassersäulen . . . als Antwort auf unser angespanntes Warten waren wir in ein Wasserloch gefallen.

Allmählich wurde uns alles klar.

Die „Imperatriza Maria“ hatte verteufelt gut geschossen. Dicht vor unserem Bug hatten die vier Granaten einer Salve eingeschlagen. Solche „Koffer“ machen zusammen schon ein derartiges Loch im Wasser, dass der schmale kleine Kreuzer einfach eintauchen musste. Die ausgeworfenen Wassersäulen, in die wir buchstäblich hineinrannten, prasselten dann auf unser Mittelschiff.

Und niemand ist verletzt!

Da blitzt es dort hinten schon wieder auf.

Nun aber raus aus den Salven! Ein zweites Mal kann es nicht mehr klargehen.

Im Zickzack brausen wir weiter – die nächsten Salven liegen schon seitlich heraus, dann noch weiter, und von dem Russen sind kaum mehr die Türme über der Kimm zu sehen!

Jetzt stellt der Russe das Feuer ein, dreht auf und folgt mit höchster Fahrt.

Unvergesslich wird uns dieser Tag bleiben. Klar und strahlend ist der Himmel, das schönste Wetter gibt das Schwarze Meer zu dieser Jagd.

Bis in die Abendstunden laufen wir mit höchster Fahrt dahin. Die Russen versuchen uns einzuholen, sacken aber immer mehr und mehr und kommen schließlich aus Sicht. Dankbar schweift der Blick über die „Breslau“ hin. Brav gemacht, du schönes, stolzes Schiff! Unerschütterlich wird der Glaube an den Glückstern des Kreuzers.

In der kommenden Nacht bleibt alles ruhig. Keine Kreuzer oder Zerstörer sind uns zum Angriff auf den Hals gehetzt, kein russisches Geschwader hat uns vor dem Bosporus den Weg verlegt.

Mitten in der Nacht laufen wir ein. Bei Hellwerden gehen wir bei unserem großen Bruder, dem „Javus“, in der Stenia-Bucht längsseit. Drei Hurras auf unser wackeres Schiff schallen uns entgegen. Ja, es ist doch schön, dass wir wieder klar geschoren sind! Die Leinen werden belegt, die Maschine macht Feuer aus, die Seeposten treten ab.

„Alle Mann klar bei Hängematten“, tönt’s durch das Schiff. Zufrieden klettert jeder in seine Koje, denkt noch einmal an die Grüße der gefährlichen„Imperatriza“ und schläft mit dem zufriedenen Gedanken des Geborgenseins und mit dem Vorsatz ein: Wartet nur, das nächste Mal wollen wir es euch schon irgendwie heimzahlen!

Und dass die „Breslau“ dieses Gelöbnis gehalten hat, sollten die kommenden Zeiten zeigen. Ihr Glücksstern aber, der sie aus dem Feuer der „Imperatriza Maria“ unversehrt heimkehren ließ, ist ihr noch ferner treu geblieben. Möge er auch in Zukunft getreulich über dem wackeren Schiffe leuchten!

- ENDE -